Wulf Wager

's wird Weihnachta

WULF WAGER

’S WIRD Weihnachta

Die schönsten Geschichten
rund ums Fest –
heiter, besinnlich und schwäbisch

mit Zeichnungen von
Alexander Linke

SILBERBURG

1. Auflage 2024

Umschlaggestaltung, Layout, Satz und Illustrationen: Alexander Linke,
WAGER Kommunikation GmbH, Altenriet.
www.wager.de
Printed in Poland by CGS Printing.

ISBN 978-3-8425-2442-3

Besuchen Sie uns im Internet
und entdecken Sie die Vielfalt
unseres Verlagsprogramms:
www.silberburg.de

Inhalt

GSCHICHTLA

THEATERSTÜCK

GEDICHTLA

BRÄUCH'

Vorwort

Advent und Weihnachten – längst ist die besinnliche Zeit dem kommerziell-hektischen »Bethlehem-Run« gewichen. Dennoch sehnt sich der Schwabe und die Schwäbin nach der Ruhe, nach heiter-besinnlicher Einkehr, gerade in dieser stressigen und lauten Vorweihnachtszeit. Erinnerungen an die Kindheit dominieren bei den meisten die Gedanken, die Gerüche und Traditionen, die noch lebendig sind, werden wieder wach. Auch mir geht es so. Aus diesem Gefühl heraus sind meine Geschichten entstanden, die in diesem Büchle zu lesen sind. Ergänzt habe ich das durch schwäbische Übersetzungen schriftsprachlicher Autoren und durch literarische Gutsle von anderen schwäbischen Schreibern.

Es sind heitere und besinnliche Kurzgeschichten sowie ein Weihnachtsspiel, die ich zum Vortrag bei Adventskonzerten geschrieben habe. Sie sind meist schwäbisch, aber manchmal auch nach der Schrift. Auch die Beschreibung einiger besonderer Bräuche werden Sie hier finden. So ist ein buntes Advents- und Weihnachtsbüchle entstanden, das dazu verführen soll, es – vielleicht bei einem Glühwein und Springerle – immer wieder in die Hand zu nehmen, zu lesen und vorzulesen. Alexander Linke hat in seiner vortrefflichen künstlerischen Art die Illustrationen dazu beigetragen.

Ich wünsche Ihnen viel Freude mit meinem Weihnachtsbüchle!

Herzlich

Ihr Wulf Wager

Gschichtla

Dr Sau-Done

Em Dorf gibt's a strenge Hierarchie, was 's A'seha betrifft. Ganz oba stoht dr Schultes mit seim kugelronda Ranza ond dr Pfarr mit seim puterrota, vom Wei aufdunsena Gsicht, dann d' Gmoindsrät mit ihrem Allmachtskrattl, d' Handwerker ond de grauße Baura, no kommat Kloibaura und Taglöhner. Ond ganz zom Schluss kommt no dr Daudagräber ond dr Sauhirt. Letschterer war em Flecka moischt a jonger Kerle, der morgens älle Säu vom Dorf zsamma trieba ond naus en da Wald gführt hot, damit se sich an de Oichla so richtig fett hend fressa kenna. Des war emmer zwischa Pfengschta ond Martini. Ab Martini send a paar wenige Säu em Stall blieba. Grad so viele, dass mr em Johr druf wieder Ferkel ghet hot. De meischte aber send g'metzget worda. Moischtens hot mr vor em Advent gschlachtet, damit mr gnuag Floisch, Gräucherts ond Würscht über d Wenter ghet hot. 's Räuchera oder 's Eimacha warat dia oinzige Meeglichkeita, Floisch haltbar zom macha.

Dr Sauhirt em Dorf isch dr Done gwäa. Vom Frühjohr bis Martini hot'r a schee's Leaba dussa em Wald ghet, wenn's net grad gsaicht wia d' Sau oder Katza ghagelt hot. Koiner hot ebbes von em wella, solang er am Obend älle Säu ond a paar wenige Kiah, wieder xond, ond vor ällem a paar Gramm schwerer wieder hoimbrocht hot ens Dorf. Älle hend jo domols uf am Dorf a gwisses Gschmäckle am Ranza ghet, aber dr Sau-Done, der hot a ganz bsonders extravagants Saugschmäckle ghet. Deshalb hend Leut au oft amol en graißera Boga om en gmacht. Em Sommer isch'r emmer barfuß onderwägs gwäa. Wenn's aber am Morga saukalt war, no isch'r ällmol wieder en en frischa Kuhflada gstanda, zom seine Zaiha z' wärmet. A alte gelbe Lederhos aus Hondsleder, ond so weit mr des no gseah hot – a weiß Leinahemmad, ond greane Hosaträger, hot'r a'ghet. A Schmerkäpple uf seim blonda Kopf mit Rollahoor. Äll Morga isch'r mit seim hölzerna Hirtahorn am Anfang vom Dorf nagstanda ond hot laut ond inbrünschtig neiblosa ond a oifacha Kennmelodie en d' frische Morgaluft gschickt. No hend d' Knecht ond Mägd en de Baurahöf gwisst, dass se d' Sau rauslassa kennat. Flott hot 'r Sau-Done des ihm anvertraute Borschtavieh durch da Flecka trieba. Ällmol wieder isch a weitere Sau aus ma Hof gspronga ond hot sich derra ringelschwänzige Herde mit em Sau-Done voraus a'gschlossa. Am Ende vom Dorf hot'r nomol sei Melodie gspielt ond weg war er, em Wald vrschwonda. Do hot'r ufbassa miassa wia a Luchs, dass em jo koi Sau vrluschtig goht, sonscht hätt er se miassa ersetza. D' Frog isch bloß, von was. Dia Baura hend da Sau-Done nämlich meischt mit Naturalia entlohnt. Aber an Martini hot er derfa von älla Baura a paar Kreuzer oder en Gulda kassiera. Des war fir ihn a fein's Geld, mit dem er sich a neu's Häs hot schneidra lassa kenna, denn net bloß seine Säu, au er isch äll Johr a Stickle gwachsa. Des Häs hot'r scho beim Schneider Mägerle en Uftrag gäba. Ond an Martini hot's fertig sei miassa. Mit Martini isch nämlich a andere Zeit fir ihn losganga. Auf em Martinimarkt en dr Stadt hot er sich äll Johr von seim Lohn a Soif kauft, mit der er sich des Sau-g'schmäckle am Bronna vor seim armselige Taglöhner-Elternhaus vom Leib gschrubbt hot, bis d' Haut wond war. Dr Done hot nämlich net bloß d' Säu ghüatet, er war – vor allem en de Wintermonat – obwohl er sonscht eher net so arg a'gseaha war – en gefragter Musikant in de Lichtstuba vom Flecka, ond do hot'r nadierlich net stenga derfa – zumindescht net meh wie älle andere.

En de Lichtstuaba hend sich hauptsächlich de jonge Leut troffa, zom Kerzalicht ond Holz zom spara. Dia Mädla hend gsponna, strickt oder gstickt, d' Kerle hend gschnitzt, Karta gespielt, Lompaliadla xonga oder wilde Schauergschichta erzählt zom dia Mädla trätza. Aber manchmol hend se da Sau-Done ei'bschdellt, damit er ihne auf seira Schwegelpfeif', die'r von seim Ur-Ähne g'erbt hot, en Ländler, en Schottisch oder en Heuberger ufspielt. Eigentlich hot mr en dr Adventszeit net danza dirfa, aber des war de Jonge egal. Do hend se dem Done no sauber ei'gschenkt, ond ehm war's recht. Räser Moscht ond so manch's Stückle Speck, de oi oder ander Wurscht oder au mol en Ranka Brot hend de jonge Leut dem arma Sautreiber zug'steckt, sodass er, obwohl er bis auf a paar Gelegaheitsarbeita sonscht koi Gschäft ghet hot, guat übr da Wender komma isch.

Dr Höhepunkt aber war fir da Sau-Done äll Johr dr Hoilige Obend. Dodruf hot er 's ganz Johr gfiebert, ond dodrfier hot er gern in Kauf g'nomma, dass d' Kendr vom Dorf ihm emmer Spottversla nochgschriea – »Sautreiber, Hongerleider« – ond au so manches Stoile nochgschmissa hend. Am Hoiliga Obend hot's nämlich außer em Pfarr koin Wichtigara em ganza Dorf gäba als da Sau-Done. Denn der hot en uralta Brauch ausgführt, den er von seim Vaddr ibrnomma hot, den der von seim Vadder ond der wieder von seim Vadder ond so weiter. Des war des Kuhreihablosa Punkt sechse am Heiliga Obend. Do hot sich's ganze Dorf, älles was hot grattla kenna, auf em Marktpatz vor dr Kirch vrsammelt ond hot gwartet, bis es zur Betzeit läutet. Kaum hend dia Glocka ausglitta ghet, isch dr Sau-Done mit ma graoßa schwarza Hut uf am Meggl, ema weita, graua Wollmantel om da Ranza ond seim Hirtahorn d' Kirchastaffla nufg'schritta, hot sich omdreht, sei hölzerns Horn an d' Lippa gsetzt ond dia ganz alde, oifache Melodie, dia bloß aus femf Tö' bestoht, erklinga lasse, wie se scho seit Generationa em Dorf äll Johr am Hoiliga Obend vom Sauhirt gspielt worda isch. Des war dr oinzige Dag, dr oinzige Moment em Johr, wo dr Sau-Done d' Anerkennung ond da Respekt vom ganza Dorf ghet hot. Ond des hot'r genossa. Des war sei ganz persönlicher Hoiliger Obend, dr scheenschte Dag vom Johr ...

Noch em Kuhreiha, den dr Done mit Stolz und mit ra Inbrunscht gspielt hot, die mr sich kaum vorstella ka, hend älle no mitnander »Oh, Du Fröhliche« gsonga ond send dann en d' Kirch zur Mette ganga. Aber vorher no hot jede Familie vom Flecka – au des war dr Brauch – a sauber en Leina einpackt's Päckle em Sau-Done en da Kretta glegt, den er zu seine Fiaß abgstellt ghet hot. Den Kretta hot'r no nach dr Chrischtmette hoimgschloift ond isch schier vrkrattelt drbei. En äller Ruah hot'r seine Päckla uffpackt ond Schnitzbrot, grauchte Würscht, Gsälzgläser, eigmacht's Floisch, a reesch's Brot, nuibachane Sprengerla ond ällerhand andere Leckereia auspackt ond betrachtet. En scheenera Hoiliga Obend wia dr Sautreiber Done hot em ganza Schwobaländle koi Goziger ghet. Des kasch glauba.

Wulf Wager

's letschte Blättle

Eisig isch's worda – zapfakalt. 's letschte Blättle hot dr beißende Dezemberwend vom Baum gfegt. Lang hot sich's no gwehrt, ond d' erschte Raureif überstanda, aber dann war sei Kraft am Ende. So wie alle Kraft amol zu Ende goht. Es isch no a Weile, vom bitterkalta Winterwend traga, durch d' Luft gsegelt und hat sich dann zu seine Baumnochbr auf da froschtige Boda glegt. D' Natur hot sich zur Ruh begeba. Mr kennt moina, alles sei dot.

Aber a Sterba isch des net! Des isch bloß a Gruaba. Ausruha, a Knapperle macha, Kraft sammla, en Gang ronterschalta ond mol durchschnaufa.

So hot's dr Herrgott eigrichtet, dass dr Wendr Zeit schenkt zom Gruaba, zom Denka ond Danka, zom sich neu Ausrichta fir dia Zeit, wo's wiedr heller ond wärmer wird, wo 's neue Grün wieder mit Macht austreibt – egal wie kalt ond donkl dr Wendr war.

Dass des so kommt, isch gwieß, so wie's au äll Johr Weihnachta wird. Aber was mr draus machat, aus derra Zeit, die eigentlich fir Ruah bestimmt isch, ond aus Weihnachta, des eigentlich Freid ond Frieda auf d' Welt brenga soll – des liegt an ons selber. Mr kennat mit Macht vrsuacha älles zom heba – so wia des letschte Blättle. Aber erscht wemmr loslassat, wemmr ons Ruah gönnat, kommt d' Kraft, ka 's Neue komma, ka neu's Leba aufblüha.

Ond so isch's au, wenn ois goht. Komma ond Ganga ghert zamma. So wie älles, was isch, zwoi Seita hot. Nix isch so sicher, wenn ois kommt, dass es dereinscht au wieder goht. So wie des Kendle, dem sein Geburstag mr heut feirat. Aber des Ganga isch nix Endgültigs, des isch koi Sterba fir emmer. Des isch, wie wemmr an Mantel an d' Gardrob hängt – bloß a vergängliche Hülle. Die Seele bleibt ewig – ond kommt wieder, emma neua, frisch bigleta Mantel. Des isch Auferstehung.

Wulf Wager

's letschte Blättle

Heit hot's von unserm Lindabaum
des letschte Blättle rontrgweht
Dr Abschied greift sich jetzt sein Raum,
nimmt's Blättle mit ond legt's auf's Beet.

Ond jetzt isch au dr Herbscht drvo,
es braucht koin Sturm ond au koin Wend.
An letschta Schnaufer hot's no doa
ond 's Blättle fällt ond dreht sich gschwend.

Es isch, wia wenn oins oifach gäng,
ond schwätzt garnix, verschwend ganz leis
Als ob mr übrn Schatta spräng,
halt auf ganz neue, andre Weis.

Etzt isch halt wieder aus ond gar,
dr Wendr führt jetzt 's Regiment.
Was wissat mir, wer über's Jahr
des neue greane Blättle kennt?

Wulf Wager

Scheene Bescherong!

Verstandat Se mi bitte net falsch. I gönn meine Kendr wirklich älles. Aber älles hot seine Grenza. Bei mir als Äschthet send do d' Grenza glei amol durch Farba definiert. Meine Kender send raothoorig. Ond 's geit wenig Farba, dia zo raote Hoor et passat. Aber rosa, oder neumodisch pink, isch a Farb, dia definitiv net zo raote Hoor passt. Dui Farb stoht auf meira persönlicha Beliebtheits-skala glei hendr so ma frisch-fröhlicha Grabesstimmungs-Mongeles-braun-grau-schwarz.

Trotzdem hot mei Frau onsre Kender emmer wieder – ond i han da Eidruck, grad mir zum Possa – en pinkfarbene Kloidla gsteckt. So lang, bis mr irgendwann dr Kraga platzt ischt ond i ra a'droht han, se mitsamt de rosafarbene Kloidla vor d' Tür zom setza. Weil i aber a aständiger ond barmherziger Mensch be, han i no wieder zrück-grudert, weil i han net wella, dass meine Kender ohne Kloider nägge-dich dia Weihnachtstage überstada miassat, denn dia sen grad – wie äll Johr – vor dr Tür gstanda.

D' Auswahl von de Gschenkla fir dia Kendr han i meira Frau ibrlassa. Zom oina aus Bequemlichkeit, des muaß e zugeaba, zom andera, weil i ihr's sowieso et recht han macha kenna. Se hot wella ällaweil dr Chef sei. Wie in jeder normala Ehe halt. A Ma, wo sait, er häb drhoim d' Hosa a, dem ka mr net traua – der liagt au sonscht.

Jetzt isch dr Hoilige Obend komma, den mir wia äwwl musizierend ond singend vrbrocht hend. Bescherung war bei ons emmer erscht noch em Essa. Nochdem mir Läberkäs ond Käsmakkroni verspeist hend, isch's losganga mit dr Bescherong. Ond no hot dr Erscht a

Päckle kriagt ond des auspackt ond älle hend sich gefreut, no hot dr Näggscht sei Päckle kriagt ... ond so isch des fortganga, oinr noch em andera. I han mi da ganze Obend scho gfrogt, was sich en dem graoßa, mit pinkfarbenem Gschenkpapier eipackte Päckle wohl befenda mag. Dass des net fir mi bestimmt war, war mr scho klar. So viel Gschmacklosigkeit hätt i meira Frau et zutraut. Bis zur Vergabe von sellem Gschenkle war des es a scheenr Hoiligr Obend. Gmiatlich, friedvoll ond voll Liebe ond Musik. No hot mei Kloine des pinkfarbene Päckle kriagt. Ond domit hot des ganze Theater a'gfanga.

I hao gmoint, mi trifft dr siediche Schlag. Aus dem pinkfarbana Gschenkpapier hot sich a pinkfarbene Pappadeckelschachtl gschält, die eindeutig auf a pinkfarbenes Barbiehaus nadeutet hot. Em Innerschta han i ghofft, dass des bloß a stabile Schachtel fürs Aussteuerbsteck sei. Aber mei Wunsch hot sich net erfüllt. Irgendwie hot mi wohl am heiliga Christtag mei Schutzengel verlassa. Dem war des scheints au z' viel Pink.

Kaum hot mei Kloine erkannt, was se do kriagt hot, scho hot se mi mit ihre ondr lange Wimpra versteckte Auga a'blinzelt ond jenen verhängnisvolla Satz gsait, der dem Hoiliga Obend schlagartig a verhängnisvolle Wendung hot geba solla: »Papa, bau'sch du des bitte auf?«

Ja Hemmlherrgott, ben i a Baumoischter, Architekt oder Handwerker? I hao no nia a Haus aufbaut, wenn i des hätt wella, wär i Maurer worda. Scho beim Aufbaua voma Ikeaschrank kriag i Zuständ. Bei solche Sacha han i zwoi linke Hend ond zwoi lenke Fiaß ond dribrnei drehat do meine Gehirnsynapsa vollständg durch. On jetzt leit vor mir a filigrans, pinkfarbenes Barbiehaus. Noi, des isch eigentlich z' viel gsait. A Haus isch do no lang et erkennbar gwäa. Des warat lauter klitzekloine Einzeltoil. Do warat net amol zwoi Toil zsammabaut. Älles fein säuberlich in kleinschte Einzeltoil. Dr Gipfel aber war, dass dui Beschreibong, wir mr des Gruselhaus zeemabaut, beim Vrpacka scheint's vrgessa worda isch. Do han i da Dreck ghet. 's erschte Mol en meim Läba han i mr gwünscht, dass mei Frau wirklich dr Chef ischt ond au Verantwortung fir den Mischt übernemmt, was se do a'grichtet hot. Sui dät jetzt mit dr Graoßa d' Kiche aufraima ond i soll drweil mit dr Kloina des Häusle aufbaua. Drweil! Häusle! Des pinkfarbene Oinzeltoilungetüm isch a dreigeschössige Prachtsvilla mit Gaul ond Stall ond Koppel ond Motorad ond, ond, ond ... also mit ällem Schnickschnack halt gwäa. So zoigts zumindest dia Pappadeckelschachtel.

Normalerweis guck i mr ebbes a, ibrreiß es gschwend, spuck en d' Händ ond no fang i a. Meischtens klappt des guat. Aber in dem pinkfarbene Problemfall, der mi scho nah an d' Suizidgrenze brocht hot, war mr glei klar: Jetzt muasch erscht mol en Plan macha.

Guade Plän' fangat bei mir emmer mit ma guada Fläschle Wei a. Also ben i en Keller ond han mr an trockana Trollinger mit Lemberger gholt. Was fir an herrlicher Gegasatz – des wunderbar schimmernde, tiefe Rot von dem württabergischa Wei ond des grässliche, schreiende amerikanische Rosa. Trotzdem hot mi dr Wei erscht mol beruhigt – wega seira scheena Farb.

Noch de erschte zwoi Viertela han i mol älles auspackt ond großzügig en dr ganze Stub verdoilt. Se miassat sich des mol vorstella, scheene Wohnstub über ond über übersät von lauter kloine pinkfarbene Plaschtiktoil. Da friert's de an d' Auga. Des hot ausgsäha wia noch ma Blitzkrieg em Disneyland. Nadierlich hot mei Kloine dauernd helfa wella. Aber i han's jo selber net blickt ond han se vrseckelt. Bloß weil sie so an Hennadreck gschenkt kriagt häb, sei mr jetzt dr ganze Hoilige Obend vrsaut. No isch se heulend zo ihrer Mutter en d' Küche grennt. Des duat mr heut no loid, wirklich. Aber en vrzweifelte Laga reagierat d' Menscha oifach manchmal okontrolliert. Jetzt war i alloi en dr Stub, also au alloi mit meim Elend. Noch de näggschte zwoi Viertela han i mol vrsuacht, des pinkfarbene Fiasko em Stockwerk zom sortiera.

Dr Wei hot a gewisse Kreativität en mr agregt, wia jo älle große Geischter, zom Beispiel dr Friedrich Schiller oder dr Theodor Heuss, gern a bissle Wei braucht hend, damit ihr Genialität zom Ausbruch komma ischt. Noch em näggschda Viertele war's bei mr so weit. I han mei Genialität da Buggl nufkrebsla gspiert. Also han i des Häusle noch meira vom Wei beflügelta Idee vrsuacht zom zsammabaua. D' Gardina hend mr flatternd am Kamee viel besser gfalla. Dodruzua han i da Fön aus em Bad gholt, uf da Stuahl glegt ond fließig blosa lassa. Ond d' Badwann han i en d' Kuche gestellt, damit dr Ken dr Barbie beim Kocha zugucka ka, solang er a Fichtanadelentspannungsbad nemmt. Dui Szenerie hot viel meh mr entsprocha. Also han i mr nomol a Viertele ei'gschenkt ond weiter kreativ an dem pinkfarbena Gruselhaus rombaschtelt. Do war au a weißes Plaschtikpferd drbei – mit rosa Mähne ond rosa Schweif. Dem han i mit dr Nagelscher scheene Zickzackmuschter en d' Mähne gschnitta on dr Schweif mit Goldspray weihnachtlich omgfärbt. So aufgmotzt hot dr Gaul besser ens Schlofzemmer passt als auf d' zom Haus gehörende Koppel. In dia han i des Motorrad vom Ken gstellt. Mir schien des logisch, dass PS, also Pferdestärken, en d' Koppel miassat. Ond so isch des weiter- ganga. I war ema richtiga Kreativitätsrausch ond han älles durch d' rosa Brille betrachtet.

Mei Familie hot mein weinbeseelta Kreativitätszustand durch d' Durchreiche bis en d' Küche wahrgnomma ond hot sich – om mi net zom störe ond aus Sicherheitsgründ – ens Bett zrückzoga. Jetzt hot's mr richtig agfanga Spaß zom macha. D' Kloschüssel han i zo ra Pferdetränke ombaut – ond ibrhaupt han i des Haus auf da Kopf gstellt ond so a Arche Noah draus gmacht. Des isch mr bei dem biblischa Fescht au viel sinnfälliger vorkomma. Aus lauter Freud über dui Idee han i nomol a Fläschle Trollinger mit Lemberger ufgmacht ond mei Werk betrachtet.

So ogfähr muass sich dr Hergott gfühlt han, wo er d' Welt erschaffa hot. Domols no ohne Menscha. Dia warat jo en meim Fall em Bett. Aber d' Vertreibung aus dem Paradies sollte folga, am näggschda Morga. Ob i no ganz bacha sei, mi so zu besaufa, on des scheene Barbiehaus hee zom macha, hot mei Frau mi a'gherrscht, wo i leicht vrkatert d' Trepp rakomma be. Ja, han i den Kruscht kauft? Mir hätt's dr Kauflade vom Ähne doa. Aber noi, mr will jo mit dr Zeit ganga ond modern sei ...

Am Mittag von dem erschta Feiertag isch dr Onkel von meira Kloina mit seira Familie komma. Des ischt a Bäschtler vor dem Herrn. Der hot sofort gsäha, was Sache ischt, ond hot dui miese Stimmung in meira Familie erkannt: »Ja wia, hosch a Barbiehäusle gschenkt krieat?«, hot 'r mei Kloine gfrogt. Häusle, wia ka mr au so a Hollywoodvilla als Häusle bezeichna? Schließlich hot'r vrzehlt, dass sei Kloina geschtern au a Barbiehäusle kriagt hot, on er des geschtern au schau ufbaut häb. Des sei koi Problem. Kaum a halbe Stond später war dui pinkfarbene, dreistöckige Hollywoodvilla fertig zsammabaut en meim Wohnzemmer gstanda. Während dr Onkel von meira Kloina do vor sich na'gwerkelt hot, han i en äller Gmiatsruhe dia reschtliche zwoi Viertela von dem dritta Fläschle Trollinger mit Lemberger tronka. Ond wissat Se was? Jetzt war fir mi au Weihnachta.

Wulf Wager

Nachsatz:

Zo ällem Ibrfluss spielat heut meine Enkeltöchter mit dem pinkfarbena Barbiehaus.

Schla me 's Blechle ...

Adventsgflüschter

Die vier Kerza auf em Adventskranz hend so still vor sich na brennt, dass mr ghört hot, wie se mitnander zom schwätza agfanga hend. D' erscht Kerz hot gseufzt ond gsagt: »I hoiß Frieda. Mei Licht leuchtet, aber d' Menscha haltat koin Frieda!« Ihr Licht isch emmer kloiner worda ond schließlich ganz ausganga. De zwoit Kerz hot gflackert ond gsagt: »I hoiß Glauba, aber i ben überflüssig. D' Menscha mechtat von Gott nix wissa. Es macht koin Sinn, dass i brenn.« En Luftzug hot durch's Haus gweht ond de zwoit Kerz isch ausganga. Leis ond traurig hot sich de dritte Kerz zo Wort gemeldet: »I hoiß Liebe. Aber i han koi Kraft meh zom brenna. D' Menscha stellet mi an d' Seite, se sehat sich bloß selber ond net de andere, dia se liabhan sottat.« Ond mit ma letschta Aufflackera war au des Licht aus.

No isch a Kend ens Zemmer komma. Es hot dia Kerza aguckt ond gsagt: »Aber, aber, ihr sollat doch brenna ond net ausglöscht sei!« Ond fascht hot's agfanga zom blärra. Do hot sich au de vierte Kerz zo Wort gmeldet. Se hot zo dem Kend gsagt: »Brauchsch koi Angscht han. Solang i brenn, kennat mr de andre Kerza wieder a'zenda. I hoiß Hoffnung!«

Ond no hot des Kend a Streichholz gnomma ond mit dem Licht von dr letschta Kerz, die Hoffnung ghoißa hot, de andre wieder azonda. Ond seine Auga hend a'gfanga zom leuchta …

Verfasser unbekannt.
Schwäbisch von Wulf Wager

Altersrücklaga

Em Herbscht isch sei Frau gstorba. Noch 65 Johr Ehe. 's war scho hart fir en. Aber er hot's jo gwisst, dass des amol kommt. Dia zwoi hend au oft drieber gschwätzt. Es isch scho sonderbar, jeder woiß, dass mr amol sterba muaß, ond wemmr mol ibr achtzge isch, liegt des in dr Regel näher als mit zwanzge. Aber wenn's no kommt, trifft's oin trotzdem. Se hend a hart's, aber schee's Läba ghet. Ond von viele Erinnerunga hot'r jetzt zähra kenna.

Trotzdem war er jetzt ganz alloi in seira graoßa Wohnung. Mit seine zwoianeinzge hot er deshalb beschlossa, ens Altersheim zom ganga. Sei Wohnung war viel z' groß fir bloß oi Person. Es geit gnuag jonge Familia, dia a graoße Wohnung suchat, hot er sich denkt. Also hot er sich em naha Altersheim a'gmeldet, au weil er fir seine letschte Tag no a bissle Gsellschaft han hot wella. Denn er war geischtig no en ra zemlich guada Vrfassong.

Zwoi Tag vor Heiligobend isch'r dort a'komma. Lang hot'r en dr Eigangshalle vom Heim warta miassa, bis a jonger Ma komma isch ond gsait hot, dass sei Zemmer jetzt fertig sei. Er hot sich bedankt ond seim Begleiter a weihnachtlichs Lächla gschenkt, wo er auf sein Stock gstützt langsam neba ihm hergloffa isch. Kurz bevor se am Aufzug akomma send, hot'r an wonderfitziga Blick en ois von dene Zemmer werfa kenna. »Mir gfällt's sehr guat!«, hot'r gsagt.

Sei jonger Begleiter war übrrascht ond hot gmoint, dass er sei Zemmer doch no gar net gsäah häb. Bedächtig hot dr alde Ma g'antwortet. »Wissat Se, jonger Mann, ob i des Zemmer mag oder net, hängt net von dr Lage oder ma scheena Biffeet ab, sondern von meira Ei'stellong, wie i des Zemmer seha will. Ond i han beschlossa, fir da Rescht von meine Dag glücklich zom sei. D' Entscheidong treff i ibrigens jeden Morga, wenn i uffwach, denn i ka wähla. I ka em Bett bleiba ond drmit hadra, dass mei Körper sell ond jenes nemme so reibungslos nabrengt – oder i ka ufstanda ond dankbar sei fir älles, was i trotz meim hoha Alter no ka.

Wisst Se, jeder Dag isch a Gschenk, ond solang i meine Auga öffna ka, will i se au auf da neue Dag richta ond auf des, was mr an Schönem begegnet. Ond solang i mei Mond öffna ka, will i em Herrgott danka fir älle dia glückliche Stonda, di i han erleba dirfa ond die i no erleba derf. Sia senn no jong. Aber nehmat Se sich oin Rat von ma alda Ma zo Herza: Deponierat Se älles Glück, älle Freid, älle schöne Erlebnis als Erinnerong auf ma bsondera Alterskonto. No kennat Se em Altr über an Schatz vrfüga, von dem Se zehra kennat, wann emmer Se des brauchat. Es liegt an Ihne, wie hoch d' Eilaga auf Ihrem Altersversorgongskonto send. I vrrot Ihne nomol zwoi Tricks, mit dene Se Ihr Konto schnell wachsa lassa kennat: Tragat Se in Ihrem Herza bloß Liebe ond en Ihre Gedanka bloß Freud. Wenn Se nämlich wissat, dass Se so a Konto hend, verliert d' Zukunft ihr Ogwissheit ond dr Tod sei Angscht.«

Dr jonge Ma hot staunend zug'losnet ond hot sich mit ma strahlende Vorweihnachtslächla bedankt. Freudig hot 'r da Arm von dem Alta drückt ond gsait: »Vergelt's Gott, grad han i mei Altersversorgongskonto eröffnet, ond d' Begegnung mit Ihne isch mei erschte Ei'lag.«

Mit dene Worte hot'r d' Tür ufgmacht ond dem Alta sei neu's Zemmer zoigt. Mit ma Schmunzla hot dr gsait: »Mr gfällt's sehr guat!«

Aus dem Internet, Schwäbisch von
Wulf Wager

Des kloine Danke

Des kloine Danke war aus dr graußa Wörterkischt rausg'hagelt. Es war scho zemlich alt on deshalb altbacha ond scheint's aus dr Mode komma. Jetzt isch's planlos romg'irrt ond hot gar net gwisst, wo ane.

Sott's nach rechts ganga zo dr alta Frau, die uf ihr Pflegrin wartet, die ihr bei ihre Bsuach äwwl an leckre Kucha mitbrengt. Oder sott se noch lenks ganga zo derra jonga Frau mit dr Kendrscheesa, die grad über d' Stroß laufa will ond dem Autofahrer, der extra a'ghalta hot, freundlich zulächelt.

Es keet aber au gradaus ganga zo dem kloina Buaba, der sein Fußball über da Zaun kickt hot ond der sich drieber freit, dass dr Nochbr den zrückgschmissa hot. Weil's gar et recht gwisst hot, was doa, isch des kloine aus dr Zeit gfallene Danke oifach naus en d' Welt zoga ond hot d' Leut do ond dort bsuacht. Wenn's miad war vom Wandra, hot sich's an Menscha gsuacht ond isch in dem sei Wörterkischt krocha. Mol war's bei ma jonga Ma, mol bei ma Opa, ond no au wieder bei ra netta feina Dame oder ma kloina Bua, ma freindlicha Mädle ond ra alda Oma.

Älle dia hend sich gfreit über d' Zuwachs en ihrm Wörterkischtle. Je öfter se des kloine Danke aguckt ond au bewondret hend, desto meh hot sich des vrdoppelt ond isch emmer maih ond maih worra. No hend dia Leut ganz oft a Danke weitergeba kenna ond ganz viele Danke-Gschwischtr send en d' Welt nauszoga. So isch des kloine Danke uf dr ganza Welt romkomma ond hot mol »Merci«, mol »Thank you«, mol »teşekkür« oder au anders g'hoißa. Älle Leut, dene 's in de Länder rond om die Erde begegnet isch, hend sich driebr gfreit ond hend's an Freund, an Nochbr, da Bruadr, da Vaddr, da Briefträger, da Taxifahrer, dr Vrkäufre, an d' Friseurin, d' Lehrerin, d' Zeitongsausträgere, d' Frau em Tierheim, an d' Krankaschweschtr ond an d' Rechtsawältin oder an d' Sänger ond Musikanta, dia se erfreut hend, weitergeba.

Se hend dem kloina Danke henterherguggt, wie's von Mensch zo Mensch rom om d' Erde gwandert isch ond älle Leut viel Freud gmacht hot, dene, die's weitergeba hend, ond dene, die's kriegt hend. Manchmol hot des kloine Danke da ganze Dag en irgendma Wortkischtle gschlofa. Aber seine viele Zwilleng warat hellwach ond hend's flugs ibrnomma, die Menscha zo erfreua ond zom Lächla z' brenga.

Dodra hot des kloine Danke gmerkt, dass es scheint's doch gar net so altmodisch isch, ond d' Leut doch no Intresse an em hend.

Ob des scho in deira Stadt war ond bei dr eizoga isch, wirsch du feschtstella, wenn de mol en dai Wortkischtle neiguggsch. Wenn jo, no gugg's oft a ond vertoil seine Zwilling gut ibrlegt, aber ohne Geiz.

I schick euch heut mei klois Danke, weil 'r des g'lesa hend.

Angelike Stockinger-Sürth
Schwäbisch von Wulf Wager

Danke

Die schwäbische Weihnachtsg'schichte nach Lukas

Es war sellamols, wo dr Kaiser Auguschtus befohla hot, dass älle Leut ihr Hab ond Gut regischtriera lassa miassat, damit se Steura zahla kennat. Dui Steuerschätzung war d' allererschte ond isch zo derra Zeit gwäa, wo dr Quirinius Statthalter en Syria war. Ond jeder hot miassa en sei Geburtsstadt reisa, damit 'r sich en de Steuerlischta eischreiba lassa hot kenna.

Do hot sich au dr Josef aus dr Stadt Nazareth in Galiläa aufgmacht ens jüdische Land nach Bethlehem, des d' Stadt vom David war. Denn er war en Nachfahr vom David. Mit drbei war sei Braut, d' Maria, die schwanger gwäsa isch.

Ond wo se dort a'komma send, isch d' Zeit von dr Geburt komma. Ond se hot ihren erschta Sohn gebora ond hot en in Windla gwickelt ond ihn en a Kripple g'legt, denn sonscht war koi Plätzle fir se en derra Herberg.

In dr Nähe warat Schäfer uf em Feld ond hend ihre Schof g'hiatet en dr Nacht. No isch em Herrgott sei Engel zo ihne komma ond d' Klarheit vom Herrn hot om se gleuchtet. Do hend se sich arg g'fürchtet.

Dr Engel hot zo ihne gsprocha: »Ihr brauchat koi Angscht han. I breng euch große Freid fir älle Leit. Fir euch isch heut dr Heiland gebora, der hoißt Christus, der Herr. Ond ihr kriagat no a Zoicha: Ihr fendat des Butzele in Windla gwickelt ond en ra Krippe liega en dr Stadt vom David.« No hend sich rond om den Engel d' ganze himmlische Heerschara ei'gfonda ond hend Gott g'lobt: Ehre sei Gott in dr Höh' ond Frieda auf dr ganza Welt bei de Menscha, dia ihm wichtig send.

Ond wo d' Engel wieder en da Hemml g'floga send, hend d' Schäfer mitanandr gschwätzt: »Kommat, mir gangat noch Bethlehem ond guggat, was do fir a G'schicht' passiert isch, die ons dr Herr vrzehla hot lassa.«

Ond no send se schnell glaufa ond hend se gfonda, Maria ond Josef ond des Butzale en dr Krippe liega.

Wo se des gseaha hend, hend se des älle Leut, dia ihne vrkomma send, weiterverzehlt, was ihne über des Kendle vrzehlt worda isch. Ond älle Leut hend sich gwondert über des, was d' Schäfer vrzehlt hend.

D' Maria hot älle die Worte in ihrem Herza b'halta. D' Schäfer send wieder om'kehrt ond hend Gott g'lobt ond priesa fir älles, was se g'hört ond g'seah hend, denn älles war so, wie 's ihne g'sagt worda isch.

Lukas 2,1-21,
Schwäbisch von Wulf Wager

Die Liebe ist die größte Macht

Das Christuskind kam nicht umsonst auf die Welt. Jesus wurde in dem Stall in Bethlehem geboren und mit einer wichtigen Botschaft von Gott ausgesandt: Liebe!

Aber in über 2000 Jahren haben wir nicht verstanden, was er wollte, und wir haben vor allem nicht verstanden, was diese Botschaft für uns bedeutet. Man hat ihn voll Wut und Zorn ans Kreuz geschlagen. Die Menschen der alten Zeit wollten die Veränderungen nicht, die er ihnen abverlangte.

Zorn, Hass, Neid und Kampf haben seither das Leben vieler Generationen vor uns bestimmt und auch heute noch sind viele Menschen voll davon. Deshalb wählen sie auch Despoten als Führer an die Spitze ihrer Völker, die ihrem Bild entsprechen, oder die sie als Heilsbringer für ihre ganz persönliche, subjektiv empfundene Unzufriedenheit verstehen. Doch das sind Männer und Frauen, die ohne Liebe leben, die ohne Liebe aufgezogen wurden und denen es vor allem an einem mangelt: an Selbstliebe.

Aber wenn ich mich nicht selbst liebe, wie will ich denn dann andere lieben? Jesus hat gesagt: Liebe deinen Nächsten wie dich selbst. Wie dich selbst. 50:50. Also frage dich, wie gehe ich mit mir um, wie viel Liebe lasse ich mir selbst zuteil werden. Erst wenn ich die nötige Selbstliebe lebe, kann ich auch jemand anderen bedingungslos lieben. Bedingungslos, also ohne Bedingungen. Und nicht: Ich liebe dich nur, wenn du das und jenes machst oder dich so oder so verhältst. Nur dann liebe ich dich. Das ist Manipulation. Nein, es muss heißen, auch wenn du es anders machst, als ich es gerne hätte, liebe ich dich trotzdem oder gerade deswegen. Das ist bedingungslose Liebe – und die ist wundervoll. Voller Wunder, jeden Tag. Alles andere führt zur Enttäuschung, zum Ende der Täuschung.

Überall in der Welt kracht es, die Motoren laufen nicht rund, weil vieles in der Un-Liebe oder der Nicht-Liebe ist. Wir lieben ja nicht einmal unsere Mutter Erde, die uns Nahrung und Wohnstatt gibt. Wie gehen lieblos mit ihr um. Wir lieben nicht unsere Arbeit, unsere Nachbarn, ja oft nicht einmal unseren Partner.

Wir sind jetzt aber in einer wichtigen Transformationszeit angekommen. Alles, was nicht in Liebe ist, fliegt uns jetzt um die Ohren. Das spüren auch die, die nicht offen für solche Botschaften sind. Aber das Schöne ist: jeder Tag bietet uns eine neue Chance, die Liebe zu leben. Aber jeder Tag ist halt auch ein Tag weniger, der uns in unserem begrenzten Erdenleben dafür zur Verfügung steht.

Also zögere nicht. Nichts ist mächtiger als die Liebe. Beginne gleich, zuvörderst dich selbst zu lieben. Was hast du für ein Gefühl dir selbst gegenüber? Was ist in dir? Was hindert dich, dich selbst zu lieben? Was ist da für ein Gefühl? Gefühl – es steckt im Wort: also geh hin und fühle.

Und dann: Beginne dich, dein Leben, deine Familie, dein Umfeld mit Liebe zu fluten. Dann wird die Welt eine bessere, liebevollere werden und die Lieblosen werden ihre Macht verlieren. Dann vergeht Hass, Zorn und Neid. Erst dann ist wirklich Weihnachten, die geweihte Nacht, die heilige Nacht, in der die Liebe zu den Menschen kommt. Gloria in excelsis deo.

Wulf Wager

Theaterstück

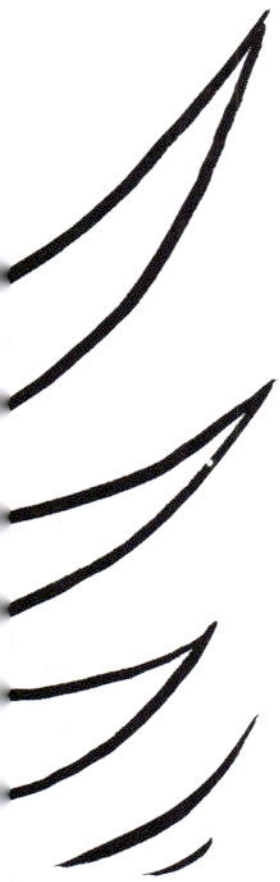

Dr heilige Josef muaß dra glauba

A SCHWÄBISCH'S WEIHNACHTSSPIEL VON WULF WAGER

Spieler:

Josef
Maria

Götz (Gsell')
Matthias (Lehrbua), genannt Mattheis
Christoph (Lehrbua), genannt Stoffel

Erzengel Gabriel

Die singenden Engel

1. TEIL – JOSEFS TRAUM

Josef:
(steht sinnierend mit seinem Gesellen Götz an einem Balken und sägt oder misst mit einem Meterstab, der andere haut Nägel hinein)

Jetzt ben i en alter Ma worda, mei Weib isch scho lang gstorba.
Viele Heiser han i baut dohanna em Schwobaländle.

Götz:
Ha jo, Meischter Josef, mit dene Bausparverträg, dia's dohanna em Ländle geit, isch des jo au koi Wonder.

Josef:
Ach Götz, mei treuer Zimmermannsgsell, mir goht's guat, koi Frog.
I han a schee's Häusle, an Bronna drvor, an Krautgarta drhendr, a Güatle, a bissle a Geld uf dr Sparkass ond vier xonde, fascht erwachsne Buaba. Wa will mr meh?

(Er legt das Werkzeug aus der Hand)

Aber langsam schwendat mr meine Kräft'. I ka als Baumoischter ond Zemmerma nemme so nalanga wia no vor a paar Johr.
's Alter isch a Krankheit ond an dera goht mr z'grond.

Koiner von meine Söhn' isch Zemmerma worda.
Koim ka i mei Gschäft ibrgäba.

Sag amol, Götz, wär's et fir di Zeit da Moischter z' macha?
No kenntescht a'schließend mei Gschäft ibrnemma.

Götz:
Ha, des kennt i scho. Nagla ka i! Aber do miasst i jo nomm ens Badische noch Karlsruh' uf d' Moischterschual. Ob i des will ...?
(kratzt sich nachdenklich am Kopf)

Stoffel:
(kommt aufgeregt angerannt und gestikuliert wild)
Moischtr, ihr sollat morga en äller Herggottsfriah en da Tempel komma. Dr Hohepriescher hot mi beim Veschprhola abgfanga, ond i soll euch des recht ausrichta.

Josef:
Ja, was hot'r gsait? Was will'r?

Stoffel:
(antwortet, während er schon wieder wegrennt)
... Irgendebbes wega ra Hauzich ...

Josef:
Hauzich? Was fir a Hauzich?

Götz:
Ja, Moischtr, ihr send zwar scho alt, aber solang g'orgelt wird, isch d' Kirch no net aus. Vielleicht gibt's em Städtle a wohlfeile Jongfer, ond dr Hohepriescher will se an da Mann brenga ...

Josef:
Hör doch uf, dodrvo will i nix mai wissa. I war femfazwanzg Johr vrheiratet. Des langt. Do ben i gstroft gnuag gwäa. Koiner hot se wella, aber i han se glei kriagt. So lang g'fischt ond erscht a Krott gfanga.

Wer zom zwoita Mol heiratet, der isch edd wert, dass em 's erschte Weib gstorba isch.

Götz:
Aber a alter Specht klopft au net schlecht!
Gell, Moischtr Josef?

Josef:
Ond was isch mit dir?
Dir muaß mr wohl au oine en Wasseralfinga gießa lassa.

Götz:
(lacht) Wieso, i han Glick bei de Fraua. Mir gfallt jede ...

Mei Ähne hot äwwl gsait: Wenn de gschempft werda willsch,
muasch heirada, ond wenn de globt werda willsch, muasch sterba.

Josef:
Gang ane em Schatta. Machat mr Feierobend.
No guck mr mol, was des Haierle em Tempel morga zom saga hot.
Guat Nacht, Götz.

Götz:
(zieht den Hut und deutet einen Diener an)
Mit Gunscht ond Verlaub – i mach me aus em Staub.

Götz geht. Josef legt sich zum Schlafen auf einen Strohsack
auf den Boden. Das Licht wird abgesenkt.

Der Engel:
(erscheint – Spot an – *und spricht zu Josef)*

Erzengel:
Josef, guter Ma, erschrick net. Der Herrgott vom höggschda Thron
schickt mi im Traum zo dir. Maria, a von Gottes allerhöggschte
Gnada ausgwählte Jongfer, soll morga vrsprocha werda.
Dr Hohepriescher wird dodrzua vier Wittiber eilada.
A jeder soll sein Stecka uf da Altar lega.
Dem seiner, der ausschlecht ond grünt,
der wird dr Auserwählte für d' Maria sei.

Dein Stab, Josef, wird grüne Blättla traga ond d' Maria ond du
werdat anander vrsprocha. Des isch Gottes Wille.
Ond es wird dodrnoch a bsondre Aufgab auf di zukomma.

Aber zweifle nie. Es hot älles sei Richtigkeit.
Vertrau auf Gott.

2. TEIL – VERKÜNDIGUNG DES ENGELS

Maria:
Sitzt alleine auf der Bühne, der Engel erscheint ihr, Maria erschrickt.

Erzengel Gabriel:
Griaß di Gott, Maria, du Schöne. Unser Herrgott isch mit dir, ond du bisch bsonders g'segnet ond auserwählt ondr älle Fraua.

Maria: *(erschrocken)*
Was isch denn des fir an Gruaß, du bisch jo g'schpäßig. Machsch du di etwa luschtig ibr mi?

Erzengel Gabriel:
Brauchsch koi Angscht han, Maria. Dr Herrgott schickt mi.
I soll dr sei freudige Botschaft brenga:

Du hosch Gnade bei onserm Herrgott gfonda. Ibr's Johr wirsch du a buckligs Schürzle kriega ond an Sohn uf d' Welt brenga, ond dem sollsch du da Nama Jesus geba. Ond der wird amol grauß sei ond »Sohn von onserm Herrgott« g'hoißa werda. Ond onser Herrgott wird ehm da Thron von seim Stammvater David geba ond er wird Keenich sei ibr's Haus Jakob uf älle Zeita, ond sei Königreich wird koi Ende han. Er wird Keenich ibr älle Leit, net bloß ibr 's Schwobaländle.

Maria:
I soll a Kendle kriaga, des amol Keenich sei wird – ond net bloß ibr 's Schwobaländle? Des isch aber starker Tobak. Wie soll des au gau? I ben jo grad erscht drei Wocha mit 's Zemmermann's Josef vo Nazareth vrheiret.

Erzengel Gabriel:
Losne guat: Dr Hoilige Goischt wird ibr de komma, on dia Kraft vom Höggschda wird di ibrschatta. Dorom wird mr au des hoilige Kend, des von dir gebora wird, »Gottes Sohn« hoißa. Ond guck, dei Freundin Elisabeth isch au schwanger mit ma Sohn – ond des in ihrem Alter.

Wo mr doch von ihra denkt hot, dass se o'fruchtbar sei.
Aber bei onserm Herrgott isch nix, aber au gar nix o'möglich.

Maria:
Du sechsch Sacha! Aber sei's, wia's will.
I be em Herrgott sei treue Magd. Es soll so sei, wie du gsait hosch.

(Josef tritt auf, gleichzeitig tritt der Engel ab)

Josef:
Maria, mei liebe Frau, do bisch jo. I han di scho ibrall gsuacht
ond m scho Sorga gmacht.

Maria:
Josef, mei liebr gottesfürchtiger Ma. I muss dr ebbes Wichtigs saga.

Josef:
Was isch denn, worom bisch denn so ufgregt.

Maria:
Kasch mr's glauba oder net, aber mir isch grad en Engel erschiena ond hot gsait, dass dr Hoilige Geischt ibr mi komma wird ond dass i a Kendle krieg, des von onserm Herrgott bsonders g'segnet ond auserwählt sei. Stell dr vor: mr wird des Kendle »Gottes Sohn« hoißa, ond mr sollet ehm den Nama Jesus geba.

*(Josef dreht sich halb enttäuscht, halb entzürnt weg von ihr.
Sie geht ihm nach und schmiegt sich an ihn)*

Maria:
(liebevoll) Josef, du siehsch jo aus wia a vrloffener Backstoikäs'.
Jetzt frei di halt.

Josef:
(spöttisch) Dr Hoilige Geischt wird ibr de komma, so, so. *(Pause)*

Ondr ällem isch Bschiss, bloß ondr dr Milch isch Wasser,
so hot scho mei Ähne gsait.

Maria:
Josef! Wie kasch du an mr zweifla. I ben dr a treu's Weib, aber onser Herrgott hot ons boide auserwählt, sein Sohn aufzumzieha.

Josef:
Wer's glaubt, wird selig – ond wer en dr Mühle schafft, wird mehlig!

(Der Engel erscheint zügig,
Josef und Maria bleiben starr und regungslos stehen)

Engel:
(bestimmend) Josef vertrau!
(Der Engel verschwindet)

Josef:
(grübelt erst noch missmutig und wird dann freudiger) Na ja:
Desmol glaub i dr 's no, aber 's näggschd Mol liagsch me nemme so a!

Gibt Gott a Häsle, no gibt 'r au a Gräsle.

(Josef wird wieder nachdenklich:)

Aber ibr kurz oder lang missat mr noch Bethlehem uffbrecha, ens Oberamt Galiläa, dem Stammsitz vo meira Familie, weil doch dr Oberamtma Quirinius befohla hot, dass sich jeder schätza lassa muas, en seira Hoimatgmoind. Jetzt, wo du schwanger bisch, wird des a arg beschwerliche Reis sei.

Maria:
Mit Gottes Hilfe werdet mr des scho schaffa.

Josef:
Jo, do hosch recht: Wenn's will, gibt dr Bock Mill.

3. TEIL – IN DER WERKSTATT

Götz:
Jetzat, Buaba, langat no, dr Richtstock muaß heit no fertig werda.
Da Huat en d' Anka, en d Händ en Blanka
(spuckt sich auf die Hand und reibt die Handflächen gegeneinander),
ond no nix wia nuff.

Stoffel:
Jetzt hudel doch et so. Dr Mensch isch koi Eilposcht, sonscht wär er gelb a'gstricha.

(Zwischenzeitlich betritt Josef die Werkstatt)

Mattheis:
So, Moischter Josef, kommat 'r vom Kendle macha?

Mir isch's jo egal, aber em ganza Flecka verreißat sich d' Leut
's Maul über d' Frau Meischterin, dia scheint's scho vor em Kyrie
z' Opfera ganga isch.

Götz:
(Haut dem Mattheis eine ins Genick, dass der Zimmermannshut durch die Werkstatt fliegt)

Sei bloß et so frech, Du Granadasiach.
De jonge Bäum muaß mr beizeita z'rechtbiaga.
(Stoffel streckt die Hand hoch und fuchtelt, er will etwas sagen)
Ond du, jonger Siach, bisch erscht recht still, sonscht baddets.
Send bloß et so frech, sonscht miassat'r noch Stuegert!

Mattheis und Stoffel unisono:
In Stuegert will i et amol dot ibr'm Zau' hänga.

Josef:
D' Leut hend jo vielleicht recht.

Götz:
A Esel isch a Esel, aber a alter Esel isch a Rendviech!

Josef:
Wemmr wissat dät, was mr net net woiß,
no dät mr meh wissa, wia wemmr net woiß, was mr net woiß.

I han mi jo von dr Maria trenna wella, wo i gspannt han,
dass dui schwanger isch, so wia's em Gsetz stoht.
Aber woisch, Götz, ond horchat au ihr zua, Buaba:
Mir isch em Traum en wonderscheener, hell strahlender Engel
erschiena ond hot mr vrsichert, dass mei geliebte Maria von
Gott auserwählt sei, dass dr Heilige Geischt über se
komma isch ond mir älle jetzt auf d' Geburt von Gottes Sohn
wartat. Ond i soll sein Ziehvaddr sei. I en meim Alter!

Mattheis:
Des isch oglaublich.

Götz:
Jo, des isch net zom glauba.

Stoffel:
Glaubat's halt, 's wird scho stemma.

Josef: *(nachdenklich)*
Glauba! Was isch scho dr Glauba? Was ka mr glauba?
Des isch doch kaum zom glauba? Auf Treu ond Glauba hot mr
d' Maria vrsichert, dass do koi anderer Ma gwäa isch.
Wie kann i do vom Glauba abfalla?
I ben net grad leichtgläubig,
aber i glaub no an Zeicha ond Wonder.
Ond des isch a Wondr, des kennat'r glauba.

Stoffel:
Des isch Theologie, do muasch dra glauba.

Götz:
Moischter Josef, kennsch net da Ondrschied zwischa Philosophie, Psychologie ond Theologie?

Josef:
Noi

(Die drei Zimmerleute stehen zusammen und zwinkern sich zu)

Stoffel:
Philosophie isch, wenn ebber mit vrbondene Auga ema donkla Keller a schwarze Katz suacht.

Mattheis:
Ond Psychologie isch, wenn ebber mit vrbondene Auga ema donkla Keller a schwarze Katz suacht, dia gar net do isch.

Götz:
Ond Theologie – on do semmr beim Thema – isch, wenn ebber mit vrbondene Auga ema donkla Keller a schwarze Katz suacht, dia gar net do isch, ond schreit: »Hurra, i han se!«

Josef:
Machat euch no luschtig über mi. Abr i glaub's! I glaub dr Maria, dem Engel ond i vertrau auf Gott. Ond jetzt gangat mit Gott. I muaß zammapacka, mir miassat jo noch Bethlehem zur Schätzung. Ihr bleibat drweil do ond passat uf's Sach uf.

Götz: Isch recht.

Mattheis: Isch recht.

Stoffel: Isch recht.

4. TEIL – IN DER WERKSTATT

(Götz und Mattheis arbeiten an einem Holzstück.
Da kommt Stoffel ganz aufgeregt hereingerannt)

Stoffel:
Götz, Mattheis, passat uf, es isch so weit, grad send a paar Hirta mit ihre Schof ond kurz drhendr drei prachtvolle Keenig mit Elefanta ond Kamel ond wertvolle Araberhengst aus Marbach von Bethlehem herzoga ond hend ibrall verkündet, dass dort emma alta Stall dr Messias von onsra Meischterin Maria gebora wora isch.

Mattheis:
Do kennat mr doch net dobleiba. Do miass mr als rechtschaffene Handwerker na ond onserm Meischter ond dr Meischterin gratuliera ond des Chrischtkendle bsuacha.

Götz:
(denkt nach) Scho, aber mr kennat jo net mit leere Händ komma.
Do muaß mr doch a Geschenkle mitbrenga.

Stoffel:
I wisst ebbes! *(Die beiden anderen schauen interessiert zu Stoffel)*

Götz:
Was? Sag scho!

Stoffel:
(zieht ein rotes Zimmermannstüchle aus dem Hosensack)
A Zemmermannssacktiachle! No ka sich des Jesuskendle sei Rotznäsle putza. Ond später, wenn des au en Zemmerma isch, no ka er au Sacktiachles trommla.

Götz:
Des isch a guade Idee! Ond no mach mr no en richtiga Zemmermannsklatsch. So will's dr Brauch.
Auf, Buaba, kommat, mr gangat, no isch dohanna voll leer.

5. TEIL – VOR DER KRIPPE

(Die drei treten vor die Krippe und ziehen ihre Hüte ab und nicken Josef und Maria zu)

Götz:
(tritt mit einem Glas Wein in der Hand vor) Mit Gunst und Verlaub,
(zu den Gästen im Saal) hochgeehrte Herren und Frauen,
(zu Maria und Josef) liebe, werte Meistersleut,
(wieder zu den Leuten im Saal) ihr, die ihr dieses Kind zu schauen heut hierhergekommen seid.

Hier mit diesem Saft der Reben trink ich jetzt nach Handwerksbrauch.
Hoch soll der Messias leben und die Meist'rin lebe auch.

(alle drei heben dabei die Hüte in die Luft)
Hoch! Hoch! Hoch!
(Trinkt)

Ha, wie gut ist dies Getränk! Bruder, schenk dir auch eins ein,
sei nicht schüchtern, sondern denke: Heute spart man nicht am Wein.
Mein Trunk sei dem Heiland geweiht, er stehe fest in Ewigkeit!

(Das Glas wird zu Boden geworfen)
(Stoffel legt das Zimmermannstüchle in die Krippe)

Mattheis:
Auf geht's, Zemmerleut, mir danzat fir des Chrischtuskindle unsern Zemmermannsklatsch.

Stoffel:
Jawoll, wenn d' Zemmerleut danzat, no bleckt dr Deifl d' Zäh'!

(Die drei und Meister Josef stehen zusammen und tanzen den Zimmermannsklatsch und singen)

Mir send jo de luschtige Zemmermannsgsella, Zemmermannsgsella, Zemmermannsgsella. Kemmr do bleiba, kemmr fortganga, kemmr do, was mr wella, do, was mr wella, ha jo!

Ha jo, ha jo, mir Zemmermannsgsella,
Zemmermannsgsella, Zemmermannsgsella.

Ha jo, ha jo, mir Zemmermannsgsella,
Zemmermannsgsella, ha jo.

Maria:
Liebe Zimmerleut, Gsell ond Lehrbuaba, i dank euch von Herza fir euern Bsuach, euer G'schenkle und euern Tanz. Der Herr im Himmel mög euch beschütza und behüta. Er mög euern Schritt leita ond euch net ausgleita lassa. Der euch behütet, schläft net.
Ond jetzt gangat mit Gottes Sega.

Drei merkwürdige Gäscht'

Die vornehme Weisen aus dem Morgaland hend da Stall ond dia Krippe no et lang verlassa g'het, do hot sich en Bethlehem a sonderbare G'schicht ereignet, die en koim Buach ufgschrieba isch: D' Reitergruppe von de Könige isch grad so am Horizont vrschwonda, do hend sich drei b'sonders merkwürdige G'stalta dem Stall mit dr heiliga Familie g'nähert.

D' Erschte hot a buntes Fleckleshäs mit ma Haufa Stofffetza a'ghet ond isch langsam näher komma. Se war zwar wia en Spaßmacher g'schminkt, hot aber hinter dr aufg'molta Maske eigentlich arg traurig g'wirkt. Erscht wo se des Kendle g'säha hot, isch a leises Lächla über ihr Gsicht g'huscht. Vorsichtig isch se an d' Krippe natreta ond hot dem Kendle zart über 's Gsichtle gstreichelt: »I ben d' Lebensfreude«, hot se gsagt. »I komm zo dir, weil die Menscha nix meh zom Lacha hend. Se hend koi Freud meh am Läba. Älles isch so bitterernscht worda.« No hot d' Figur ihr Fleckleshäs auszoga ond des heilige Kendle drmit zuadeckt. »Es isch kalt worda in dr Welt. Vielleicht kann dich 's Häs vom Spaßmacher wärma ond schütza.«

No isch die zwoite G'stalt vortreta. Wer genau naguckt hot, hot ihren g'hetzta Blick gsäha ond gmerkt, dass se arg pressiert hot. Wo se aber vor des Kendle in dr Krippe treta isch, hot's da A'schein g'het, als dät älle Hascht ond Hektik von ihr abfalla. »I ben d' Zeit«, hot se gsagt ond dem Kend zärtlich über 's Gsichtle gstreichelt. »Eigentlich gibt's mi kaum no. D' Zeit, sagt mr, vrgoht wia em Flug. Dodrieber hend d' Menscha aber a graußes Geheimnis vrgessa. Zeit vrgoht net. Zeit entstoht. Se wächst ibrall dort, wo mr se toilt.« Dann hot d' G'stalt en ihrn Mantel griffa ond a Stondaglas en d' Krippe glegt. »Mr hot wenig Zeit in derra Welt. D' Sanduhr schenk i dir, weil's no net z' spät isch. Se soll dr a Zeicha dodrfier sein, dass du emmer so viel Zeit hosch, wie du dr nemmsch ond andere schenksch.«

Dann isch die dritte G'stalt an dr Roih gwäa. Se hot a gschondas Gsicht mit ma Haufa dicke Narba g'het, grad so, als ob's emmer ond emmer wiedr gschlaga worda wär. Wo se sich aber vor des Kripple mit dem Kendle kniet hot, war des, wie wenn uf oimol älle Wunda ond Vrletzonga, die ihr 's Läba zugfügt hot, heila dädat. »I ben d' Liab«, hot se gsagt, ond dem Kendle zärtlich über 's Gsichtle gstreichelt. »Es hoißt, i sei viel z' guat fir dui Welt. Deshalb tritt mr mi mit de Fiaß ond macht me fertig.« Während d' Liebe so gsprocha hot, hot se heula miassa ond drei dicke Träna send auf des Kendle tropft. »Wer liebt, muaß viel leida en derra Welt. Nemm meine Träna. Se sind 's Wasser, des Stoinr schleift. Se send wie dr Reaga, der da austrocknete Boda wieder fruchtbar macht ond sogar d' Wüschte zom Bliaha brengt.« Ond dia Träna hend sich en drei wonderscheene blühende rosa Rosa vrwandelt. Do send se jetzt knuilat vor dem Kend des Himmels, d' Lebensfreud', d' Zeit ond d' Liebe. Drei merkwürdige G'stalta, dia dem Kendle ihre Gaba brocht hend. Des Kendle aber hot dia drei G'stalta aguckt, als ob's se's vrstanda hätt. Plötzlich hot d' Liab omdreht ond zo de Menscha gschwätzt: »Mr wird des Kendle zom Narra macha ond es om sei Lebenszeit bringa, ond es wird viel leida miassa, weil es bedingungslos lieba wird. Aber weil es Ernscht macht mit dr Freud ond weil es sei Zeit ond Liebe vrschwendet, wird die Welt nie meh so sei wia frieher. Wega dem Kendle stoht d' Welt ondr ma neia, guta Stern, der älles andere in da Schatta stellt.« Dodruf send dia drei G'stalta ufg'standa ond hend dr Ort vrlassa. Die Menscha aber, die des miterlebt hend, hend no lang über die rätselhafte Wort' nochdenkt. Au onser Leba ond onser Zeit standat seit dr Geburt Jesu unter ma neia, guta Stern, der älles Donkle hell macht ond älle Vrletzonga heilt. Des isch die große Freud', die ällem Volk zuteil wird, au mir ond dir.

Ulrich Peters,
Schwäbisch von Wulf Wager

Erweckte Hirta

Schof waret ganz wichtige Viecher selbigsmol, wo dr Heiland uf d' Welt komma ischt. D' Schäfer send Tag ond Nacht bei ihre Schof gwäa ond hend uffbasst, dass nix Schlemm's bassiert, dass koi Wolf oder Bär oder sonscht a wildes Tier sich ihre Schof nähert. Kennat'r euch jo vorstella, dass dia nadierlich arg verschreckt send, wo mittla en dr Nacht plötzlich Posauna g'schmettert hend ond a Liacht aganga isch, heller wia d' Mittagssonn. Ond no isch en mächtiger, prachtvoller Engel erschiena, licht, hell, strahlend ond hat a Wärme ond a Freud ausg'strahlt, dia dene Schäfer tief ens Herz gleuchtet hot. Trotzdem waret dia Schäfer vrschrocka. Denn des warat sonscht raue, aber oifache Manna, dia et grad viel von ihre G'fühl zoigt hend. Aber dr Engel hot des gwisst. »Fürchtet euch nicht!«, hot er gsait. Ond d' Furcht isch vrschwonda. Hot Platz g'macht fir a hoffnungsvolle Erwartung. Dia Schäfer waret zemlich weit onda en dr Gsellschaft selbigsmol ond net grad arg a'gseha. Was hätt dene also passiert kenna? Es hätt kenna jo bloß besser werda. »Euch ist heute der Heiland geboren!«, hot dr Engel gsait. Euch, also fir euch. Des hend dia oifache Schäfer net vrstanda – aber gspürt. Denn des, was dr Heiland ausstrahlt, ka mr net vrstanda, bloß spüra, fühla, em Herza wahrnehma. Also hend se sich aufgmacht zom des Kendle zom suacha ond des Wondr von Bethlehem selber zom seha.

Aber net älle Schäfer send sellamols ufgwacht an dene Posauna ond dr Engelshelle. A paar hend au weitergruuslet, hend ihr Erweckung verschlofa. Ihre Herza waret no net so weit, dass se des g'spürt hättat, was die andere Schäfer so tief berührt ond auf da Weg zom Chrischtuskendle brocht hot. Aber se warat wiatig, weil de andre oifach wegganga send. Deshalb hend se ihr Wuat an de Schof ond an älle andere Leut, dia ihne beim Schofhüata begegnet send, ausglassa. Warom do so a graoße Wuat war, hend se selber net recht gwisst. Wahrscheinlich wärat se selber gern mitganga zo dem Kendle, des d' Erlösung verspricht. Aber was fir a Erlösung isch des? D' Erlösung von Schulda, d' Erlösung voma oifacha Leba ondr freiem Himmel? Meh Wohlstand, meh Geld, meh han als andere. Isch's des?

Noi, des isch's net, des hend d' Schäfer, dia in sellra Nacht erweckt worda send, gspürt, wo se mit ihre armselige Gschenkla im Stall in Bethlehem akomma send. Liebe, des hot d' gütige Mutter Maria, dr sanftmütige Josef ond vor ällem des Chrischtuskendle ausg'strahlt. Liebe – Liebe zo sich selber ond Liebe zo de andre Leut, ond Liebe onder älle Leut – dodrfier hot dr Herrgott des Kendle auf d' Welt gschickt. Aber des war de Leut o'heimlich. Vor ällem dene, dia in sellra Nacht net vom Engel erweckt worda send. Dia hend oifach net vrstanda wella, dass dr Heiland nix O'rechts ondr d' Menscha hot brenga wella. Liebe ond Frieda - des war sei Botschaft ond sei Aufgab. Aber des ka mr halt mit em Vrstand net begreifa. Des muaß mr spüra, tief en sich dren an dem Platz wo 's Herz schlecht. On dr O'frieda ond d' Lieblosigkeit von dene Schäfer, dia ihr Erweckung vrschlofa hend, zeigt sich bis heut auf dr Welt. Drbei ka ma sich jederzeit selber erwecka. Mr muaß bloß neilosa in sich, en sei Herz. Des goht aber net im hektische Alltag mit Dauerablenkung von Handys, Radio ond Fernseh. Des goht bloß en dr Ruah, en dr absolute Stille, wo mr nix anders hört wia d' Stemm vom oigana Herza, wo mr ganz alloi isch – ond plötzlich isch mr no nemme alloi, weil sich Frieda ond Liebe ganz von selber ei'stellt. Ond dann hot sich d' Aufgab vom Heiland erfüllt. Aber des goht bloß en dr Stille.

Still, still, weil's Kindlein schlafen will ...

Wulf Wager

13.
Hoffmann
Zeitungen

Lausbua

In meiner Kindheit hot's mol a Liad geba, des dr Werner Veidt gsonga hot: »I mecht amol wieder a Lausbua sei!« Fir mi trifft des net zua, denn i war oiner. Ond zwar so oiner wia sonscht koiner. I glaub, heutz'tags gibt's gar koine sotte Lausbuabe meh. Dia Kerle strackat da ganze Dag vor ihrem Computer oder glotzat andauernd auf ihre Handys. Aber richtige Lausbuaba gibt's nemme. En meira Kindheit hot mr scho optisch d' Lausbuaba erkenna kenna, denn dia hend kurze Lederhosa aghet. Ond zwar emmer. En dr Schul, uf dr Gass, beim Kicka – außer am Sonndich, do hot mr a Sonndichshos aghet. Ond wehe, mr hot mit derra rombubelt ond hot se dreckat oder gar vrrissa hoimbrocht ...

Bei de Lausbuaba hot's a feine Abstufung gäba. Die Einstiegsstufe war oifach Lausbua. A Lausbua, des war so zemlich jeder, der en dr Schul net grad en Streber war ond ab ond zua amol d' Mädla an de Zöpf zoga oder oifach an Stroich gspielt hot. Mol Klingla putza oder Zahnpaschta auf da Türgriff streicha. Des warat so die gängige O'zogaheita. Im Zeugnis isch dann bei dene unter Verhalten meischt »gut« gstanda.

D' nächste Stuf war en Fetz. Der war emmer a bissle mutiger, kecker ond hot scho mol a Roihle Judafürzla (net korrekt, aber so hot des domols halt ghoißa) an da Schwanz von Nochbrs Katz bonda. Zeugnis: Verhalten »noch befriedigend«.

Die höchste, angesehenste ond zugleich risikoreichschte Stufe war dr Jesesfetz oder Erdafetz. Aus heutiger Sicht: Schublade ADHS, nur mit Ritalin zu bändigen. Zeugnis: Verhalten »unbefriedigend«.

Wenn's frieher a Paradebeispiel fir en Lausbua auf dr Stufe Jesesfetz geba hot, no war des sicher i. An meine erschte Stroich ka i mi aber gar nemme erinnra. Dia kenn i bloß vom Vrzehla. Mei frühkindliches Gedächtnis hot des scheint's von dr Feschtplatte glöscht. I han jo viele Johr vrmutet, dass mr mi dodrmit an dr Nos romgführt hot, aber nochdem mehrere Mitlieder meiner Familie jeweils dieselbe Versiona von dene Stroich unabhängig vonandandr vrzehlt hend, glaube's halt. I war wohl so om de vier oder femf, Ende dr 1960er-Johr, do han i mit em Nochbersmädle dem nagelneue Mercedes 190 von ihrem Vatter a neues Design verpasst. Kreativ ware scho emmer. Mit spitze Stoiner hemmer des Auto mit Bloama, Männla ond solche Sacha verziert, dia ons halt leicht von dr Hand ganga send. An Sanktiona ka i mi aber nemme erinnra. Wahrscheinlich han i scho da Ranza voll kriagt, aber i woiß halt nemme.

Dr näggschde Stroich isch kurz druf passiert. Mei äldeschter Bruder, der kurz vor meira Geburt noch Südafrika ausgwandert isch, weil 'r gmoint hot, dass fir vier solche Kerle – denn mr warat vier Brüder – au 's Ländle z' kloi sei, isch zu Bsuach komma. No hot'r zerscht amol a Vollbad gnomma. I han em no a ganze Packung Dash-Waschmittel drzuagleert, dass' richtig gschaumet hot ond mr den afrikanischa Bruader ondr de Schaumberg nemme gsäha hot. »Hilfe«, hot der gschria, »Mutter, hilf«, ond damit hot der net d' himmlische Muddr, sondern onsre gemeinsame irdische Muddr gemoint. I han halt denkt, dass der, wo aus dem schwarza Afrika kommt, erscht amol richtig weiß gwäscha werde sott. Ond Dash, des woiß mr jo, »wäscht weiß, weißer geht's nicht«.

An was i mi aber no erinnere, isch, dass i d' Kellerklappe offa glassa han ond mei Oma naghagelt isch ond sich da Fuaß brocha hot. Des hot mr richtig loid doa, weil i mei Oma arg meega han. Se war zwar Berlinerin, aber trotzdem. Schießlich han i jeden Monat a Rentefuchzgerle kriegt, mit dem i mir en dr Molke geganieber a Schleckwaffel gholt han. Kennat Se des no? Des war a Wäffele in Muschelform, dui mit Schlagsahne gfüllt worda isch. Zehn Pfennig hot des sellamols koschtet.

Später no han e amol a ganze trockne Wies abgfackelt, weil i mit meine Kamerad zündelt han. Mir hend no au ema Neubau offene

Betonsäck vom oberschta Stock ens Treppahaus nagleert, weil des so schö gstaubt hot. Lauter sinnfreier Bleedsinn halt.

Ond no isch dia Zeit komma, wo mr als jonger Kerle obedengt des Raucha hot probiera miassa. Also hot oiner von meine Kamerada a Päckle Stuyvesant aus dem Automat zoga, on no hemmer ons en da Krautacker gesetzt ond hend des Päckle zu dritt komplett weggraucht. Mr hend jo dia Zigarettaschachtel net mit hoim nemma kenna. Au den Rauchergschmack hen mr uf koin Fall hoimbrenga dürfa, sonscht hätt's Hosaspanna geba. Also hemmer a Haible Filderkraut gschlachtet ond direkt vom Acker gessa, bis mr des Gfühl ghet hend, dass mr nix meh vom Raucha schmeckt. Mit schmecka moint dr Schwob jo riecha. Ons isch nadierlich schlecht worda von dr Raucherei ond von dem viela roha Kraut hend mr ordentlich Flotte Lotte kriegt, des kennat 'r euch vorstella.

Uf meim Schulweg bene emmr an a paar Güatla vorbeikomm, wo a älters Weible oft ond fleißig gschafft hot. Derra han i mutig, weil i scho auf meim zwoirädigra Fluchtfahrzeug mit sensationelle drei Gäng gsessa ben, emmer wieder wiaschte Sacha zugschria. Dia hot des no emmer mit »Du Raotfuchs, du dreggeter« quittiert. Ond so hane des Spiel a paar Wocha lang trieba, bis z'mol ihr Sohn au em Güatle gwäa isch ond des alte Weible zo ihm gsait hot: »Guck, do kommt'r, dr Rotfuchs, dr dreggate!« No isch'r dapfer en sei Auto gsessa ond hot mi verfolgt. I han meim Geppel Fersageld geba ond ben gradelt, wia wenn dr Leibhaftige henter mr her wär. Jetzt war guter Rat teuer. Wie en Weltmeischter han i en d' Pedale dappt on no ben i aus lauter Not verkehrt rom en a Eibahnstroß gfahra ond han me durch mehrere verschlungene Fußweg dem Rotfuchsjäger entzoga. In de druffolgende Wocha hane aus Sicherheitsgründ an andera, deutlich weitera Schulweg uf me gnomma ...

Uf oin Stroich bene aber heut no richtig stolz. Onser Nochbr, dr Herr Hoffmann, isch so a ganz akkurater Metallbaulehrlingsausbildungsmoischter vom alta Schlag gwäa. I ka mr scho vorstella, wie der seine Stift trietzt hot. Bei mir hot'r 's au probiert. Der hot sein Garta ganz exakt a'glegt ond mit dr Richtschnur ond em Zentimetermaß d' Radiesla, Tomata, Salat ond sonschtiges Gmias a'pflanzt. An jedem Ende von dene soldatisch korrekt in Reih ond Glied g'setzte Gmiasspalier war a Schneckafalle installiert. En dem seim Garta hot's koi gotzigs O'kräutle geba. Wenn des meeglich gwäa wär, hätt der sein Garta no mit dem Staubsauger poratief rein gmacht. Aber sei Schlauch war halt z' kurz. Jetzt onsrer Garta drgega war eher so en früher Bio-Garta mit jeder Menge O'kraut, des sich om d' Nochbrschaftsgrenza wenig kümmert ond dapfer Richtung Hoffmanns Garta ausgsamt hot. Emmer wenn sich bei ons a Schneck zoigt hot, han i die aufgsammelt ond zom Herrn Hoffmann en sein Garta nomgschmissa, genau zwischa seine Soldataradiesla. Mi hot dr Herr Hoffmann emmer ahalta wella, dass i des O'kraut en onserem Garta rausdua. Überhaupt hot r gmoint, er miass mi erzieha. Drbei war i dr feschta Übrzeugong, dass meine Eltra meine Erziehungsberechtigte seiat. In derra Vermutung bin i zomindescht bestärkt worda, weil des emmer auf dene blaue Brief g'standa isch, die i regelmäßig von dr Schul hoimbrocht han. Dort isch nämlich gfordert worda: »Unterschrift der Erziehungsberechtigten«.

Z'rück zom Herrn Hoffmann, der mit seim Gartareinlichkeitsfimmel und seim Akkuratheitswahn mei Lausbuabakreativität scho ziemlich rausgfordert ond inspiriert hot. Also hen meine Spezi ond i amol en ra Moianacht sei fein säuberlich mit Wasserwoog ond Richtschnur g'setzte Holzbeig an seira Garasch abbaut ond em Türrahma von seim Hauseigang genauso sauber ond akkurat wieder g'setzt. Mit Richtschnur ond Wasserwoog, verstoht sich. Mir warat ganz schee z'frieda mit onserer Arbet – ond dr Herr Hoffmann wär's bestimmt au gwäa, wenn's net grad sei Haustür gwäa wär, dui durch d' Scheitrbeig versperrt gwäsa wär. Dr Türrahma war komplett ausgfüllt, a Rauskomma war net meeglich. Des hot mr scho a gewisse Art von Befriedigung brocht, wo i hendrm Vorhang gseha han, dass mei Peiniger durch's Küchafenschter hot aussteiga miassa.

So arg i au des ganze Johr übr en Lausbua ond zeitaweis en em ganze Flecka an gefürchteter Jesesfetz war, von dem d' Alte heut no schwätzat, so sonderbar isch's mr worda, wenn's uf Weihnachta zuaganga ischt. Mei schlecht's Gwissa hot me ploogt. I han ja nia gwisst, was von äll dem, was i bosget g'het han, bei meine Leut a'komma isch. Ond mei Spitzaergebnis mit 32 Eiträg ond Bemerkunga em Klassabuch ond darauffolgenda Rektorenvorladung meiner Eltern en d' Schual hend au net grad uf üppige Weihnachtsgeschenkla hindeutet. Denn irgendwie war Weihnachta dann halt doch au Zahltag. Mr hot jo so seine Wünsch' ghet ond d' Befürchtong, dass dr Geschenkesega wegen dene Stroich, vor allem aber wega dene blaue Brief ondr Omständ mickrig ausfalla dät, war schon ganz schee präsent. Also hane me scho mol vorsichtshalber auf a Enttäuschung eigstellt.

Aber meine Leut warat en gewisser Weise doch liebende Eltern, wenn au net gschickt im Vrstecka von Weihnachtsgschenkla, denn den neua Schlitta han i scho zwoi Wocha vor Weihnachta em Keller ondr a paar leere Kartoffelsäck entdeckt. I han meine Eltra aber am Hoiliga Obend net enttäuscha wella ond han so doa, als ob i total überrascht wär. Wenigschtens an dem Dag ben i mol koi Lausbua gwäa. I han mr no au vorgnomma, koiner meh zom sei. Aber dem Vorsatz isch so ganga wie de meischte Vorsätz: Er hot halt net lang ghoba. I han's wirklich probiert, aber irgendwie isch des immer o'gschickt komma. So han i mol meira Muddr zo Weihnachta a super scharf's Küchamesserset gschenkt. Ond zom ihra verdeitlicha, wie scharf des große gewellt gschliffane Messer ischt, hane a Birn gnomma ond mit ma »eines staufischen Ritters würdigen Streich«, des obere Drittel von dr Birn schwungvoll rabghaua. Leider war do au des obere Drittel vom oberschta Glied von meim linka Ringfinger mit drbei. Bis i gspannt han, was passiert isch, isch mr's ganz blümerant worda, denn i han bluatet wia a a'gstochena Sau. Des Fengergipfele isch ganz obeteiligt runterghangt. No hot mr schnell en d' Notfallambulanz fahra miassa. Dr Doktr hot's bloß wegschnitta ond da Rescht z'sammagnäht ond vrbonda.

Wo mr wieder hoimkomma send, han i mr fescht vorgnomma a bissle ruhiger's Blut zom bewahra. Aber 's hot bis zom heutiga Dag net guat klappt ...

Wulf Wager

Mei reig'schmeckte Muddr

I trau me's kaum zom saga, aber mei Muddr war a Reig'schmeckte. Gebora isch se en Klauswalde, Kreis Weststernberg, em heutige Pola. Ond ufgwachsa isch se en Berlin. Dort hot se mei Vaddr au vor em Krieg beim Volksdanza kennaglernt. Ond wo der sein Stellongsbefehl kriagt hot, hend se no schnell vorher uf em Rothaus z' Berlin doba g'heiratet.

Weil mei Vaddr gmoint hot, dass Berlin em Kriag koi so a sicherer Platz sei, hot'r sei frisch Angetraute zo seira Muddr und seira Schweschter noch Dautmerga am Albrand brocht. Des war fir mei Muddr koi so a oifache Zeit, weil se dia Schwoba mit ihrem kauziga Dialekt jo ibrhaupt net vrstanda hot. Aber se hot sich redlich bemüht, des raue Älblerische zom vrstanda ond scho a paar Johr später hot se selber schwäbisch gschwätzt, wia wenn nia a andere Sproch über ihre Stemmbänder grollt wär.

No isch au scho bald mei älteschtr Bruadr uf d' Welt komma. I han au nochgrechnet, aber 's war wirklich erscht noch dr Hauzich! En Balinga em Krankahaus isch der uf d' Welt komma, ond net in Rottweil, wie er meira Muddr später sei Leba lang vorghalta hot. Des wär gleich weit gwäa. Denn wenn'r z' Rottweil gebora wär, hätt'r derfa beim Narrasprong mitmacha. Aber mit dem evangelischen Geburtsort Balinga isch des leider net meeglich.

Jedafall hot meim Vaddr sei Muddr, was mei Oma gwäa isch, meira Muddr emmer ei'bläut, dass se sich en dr Öffentlichkeit jo koin Schnitzer erlauba sott. »Sonscht kommsch an dr Fasnet!«, war die Drohung. Mit derra Mahnung war gmoint, dass d' Narra em Flecka gern dia Missg'schick von ihre Mitbürger beobachtat ond an dr Fasnet durch da Kakao ziagat. Ond des wär jo a Schand ...

Jetzt war's Wendr. Kurz vor Weihnachta. Älles isch tief vrschneit gsei, wie mr z' Dautmerga sait. Mei Muddr isch mit meim Bruder uff am Schlitta en da Nochbrort, noch Schömberg, glaufa, zom irgend a Besorgung zom macha. Des kloine Buale – der no net hot laufa kenna – war guat eipackt uf ma Schooffell auf am Schlitta me glega als gsessa. Ondrwegs isch ra en Soldat vrkomma, des war en Berliner. Des hot mei Muddr so gfreut, dass se amol wieder heimische Klänge ghört hot, dass se a Stickle mit dem Soldata glaufa isch ond dia sich guat ond intensiv ondrhalta hend. Dr Schlitta hot sich ganz leicht über den feina Pulverschnee ziaga lassa. Ond 's isch äwwl leichter worda, so hot se des Gespräch in Berlinerisch beflügelt. Deshalb hot se gar net gmerkt, dass mei Bruder scho vor ma Kilometer vom Schlitta ghagelt ond hilflos em Schnee glega isch. Ufam Buggl isch dr kloine Dergel em Puderschnee gstrakt ond hot koin Mucks von sich geba. Zom Glück war der recht a'zoga, sodass em d' Kälte nix ausgmacht hot. Zwischazeitlich isch a Kätzle vorbeikomma ond hot em sei Rotznäsle abgschleckt. Aber wo mei Muddr fascht scho en Schömberg war, hot se's gmerkt, dass ihr Buale auf dem Schlitta abhanda komma isch. Wia a g'ölter Blitz isch se die Strecke über Eis ond Schnee wieder zrückgspronga, drei Mol währenddessa ausgrutscht ond nag'hagelt ond hot mein Bruder o'vrsehrt em Schnai antroffa ond wieder auf dr Schlitta glada. Nadierlich hot mr ra des an dr Fasnet aufgsait.

Mei Muddr war d' jüngscht von vier Kendr, dia mei Oma z' Berlin alloi großzoga hot. Sich en derra Zeit scheida lasse, des war scho a mutige Aktion, aber mei Oma hot des durchzoga, weil ihr Ma en Nixnutz war. Als Plätterin, also als Büglerin, hot se fir ihr Auskomma gsorgt. Nadierlich war in dr Zeit von dr Weltwirtschaftskrise en de 1920er-Johr 's Geld rar. Deshalb warat so opulente Weihnachta, wie mir se heut feirat, ibrhaupt net vorstellbar. D' Gschenkla warat klei, aber d' Freid driibr drfier om so graißer. 's Gröschte war fir mei Muddr, dass älle vier Kendr zo Weihnachta a Marzipanbrot kriagt hend. Des war a unvorstellbar hemmlisch's Vergnüga. Mei Muddr hot sich ihr Marzipanbrot aufgspart ond jeden Dag bloß a klois Breckele abgschnitta. Ihre Briadr warat do net so vrhalta. Dia hend ihr süße Herrlichkeit innerhalb voma Dag komplett wegbutzt. Wo se gmerkt hend, dass ihr kloine Schweschter no ebbes hot, hend se ganz hehlenge mit ma scharfa Messer onda an dem Marzipanbrot a paar Millimeter abgschnitta, ohne dass des mei Muddr gmerkt hätt. Aber irgendwann hot se's gmerkt. No war's aber schnell vorbei mit dem Fescht dr Liebe.

Dr Kriag hot d' Gschwischter trennt. Oi Bruder isch fascht dreißig Johr vrscholla gwä, dr ander hot en Oschtberlin bleiba miassa, ond von dr ältescht Schweschter hot mr nia nex maih ghert. Dr Bruderdiebstahl isch aber nie vergessa worda. Mei Muddr hat nadierlich ihre Briadr den Marzipanbrotdiebstahl vrzieha, aber vergessa hot se des net ond sich ihren Spaß draus gmacht. Äll Johr hot se meim Onkel en dr Oschtzone a Weihnachtspaket gschickt – nadierlich mit ma graoßa Marzipanbrot dren.

Irgendwann hend dia zwoi durch die Mauer getrennte Gschwischter den veschollana Brudr ausfindig gmacht. No hend se a Treffa vereibart. Mei Zone-Onkel war no scho Rentner ond hot 's erschte Mol aus dr DDR ausreisa dürfa. Ond was glaubat'r, was jeder von dene drei als Gschenkle fir die andere Gschwischtr drbeighet hot?
Richtig: A grauß Marzipanbrot.

Wulf Wager

Dr Saubändiger

Dr Michl war en rechtschaffener Kameefegergsell aus Stuegert, der noch em Kriag bei seim Vaddr, der Kameefegermoischtr war, in seim Kehrbezirk gschafft hot. A klois, wusligs Maale war des, mit O-Fiaß, ma Kugelbäuchle, jesesmäßige Segelaohra ond emmr schwarze Fengr ond nadierlich mit ma schwarza Zylinder uf em Kopf. Mit älle seine Kunda – ond vor allem Kundinna – in Botnang isch'r richtig gut auskomma, weil er zemlich leutselig ond luschtig war. Er war unterhaltsam ond hot ällamol von seine Hausfraua, bei dene er da Kamee g'fegt hot, en dr Adventszeit a Fegschnäpsle kriagt. Deshalb isch'r en derra Zeit äll ander Obend mit ma kleina Dullo ond zemlich ibrmütig hoimkomma. Oimol, am End von ma Dag, kurz vor Weihnachta, wo er scho einige Schnäpsla intus ghet hot, isch'r beim ma Baura, dem Schweinemäster Häberle, den älle bloß da Sau-Häberle ghoißa hend, zom Fega eitroffa. Den Sau-Häberle hot mr scho vo weitems g'schmeckt. Nebam Stall hot der a Futterküche g'het, wo er ällamol des Futtr von de Säu kocht hot. Also hot do dr Kameefeger au regelmäßig da Kamee von sellem Herd fega miassa.

Neba derra Küche isch dr Stall gwäa, wo d' Viecher uffzoga worda send. Wo no onser Kameefegergsell scho mit ma netta Räuschle zom Sau-Häberle komma isch, war er – vermutlich de Fegschnäpsla g'schuldet – a bissle übermütig ond hot sich überlegt, ob mr so a Sau am Schwanz feschtheba könnt. Also isch'r an so an Saukoba ganga, wo a mittelprächtige Dreiahalb-Zentner-Sau auf ihr letscht's Stündle beim Metzger g'wartet ond dem Kameefegerle sein dicka, rosarota Arsch mit dem gringelta Schwänzle entgegag'streckt hot.

Er hot später nemme gewisst, welcher Teifl ihn gritta g'het hot, aber des Schwänzle, des do neckisch vor em g'wacklet hot, hot en doch zemlich g'reizt. Dr Wonderfitz hot en trieba, denn er hot oifach wissa wella, wia sich so a Sauschwänzle a'fühlt ond ob mr so a fette Sau wohl bloß am Schwänzle heba kennt. No hot 'r dia Sau oifach fescht am Ringelschwänzle packt. Dodrmit hot dia Sau nadierlich net grechnet ond isch so vrschrocka, dass se en graoßa Satz noch vorna gmacht hot. Dodrmit hot wiederum des Kameefegerle net grechnet ond hot net schnell gnuag loslassa kenna. Deshalb isch 'r mit ma Riesaschwung samt Kehrbesa ond Loiter über da Wassertrog en da Saukoba neig'schleudert worda. Platsch hot's gmacht ond dr Kameefeger isch mit em Bauch ond mit em Gsicht em Saumischt Richtung gegaüberliegende Wand g'schlittert ond drgegaknallt. Dr Zylinder hot aber Gott sei Dank den Aufprall mit dr Saustallwand wia an Airbag abgfanga ond so em Kameefegerle ziemlich Kopfschmerza erspart. Allerdings war dr Zylinder noch derra Aktio bloß noch femf Zentimeter hoch.

Juscht in dem Moment isch dr Sau-Häberle drzuakomma. Ihr kennat euch jo vorstella, was der fir en Lacha'fall kriagt hot. Ond zwar net bloß, weil des Keemichfegerle mitsamt seim zemadatschta Zylinder em Saumischt gstrackt ischt, sondern weil 'r sich vorgestellt hot, wie des Kameefegerle sein adventlichs Saustall-Gschmäckle seim Meischter drhoim erklärt.

In Botnang hot mr'n jedafalls von do an bloß da Saubändiger ghoißa!

Des isch a wirklich wohre Gschicht!

Wulf Wager

Über was 's Chrischtkendle hot lächla miassa

Wia dr Josef ond d' Maria von Nazareth aus onterwegs gwea send, zom en Bethlehem azoiga, dass dr David sei Urähne gwea ischt – was dui Obrigkeit so guad wie mir hätt wissa miassa, weil's jo schon längscht gschrieba war –, om dui Zeit rom also isch dr Engl Gabriel nommol hoimlich vom Hemmel rabgstiega zom em Stall nommol noch em Reachta z' gucka. 's war jo sogar fir en Erzengel in seira Erleuchtung scho a bissle schwer zom begreifa, wieso's grad dr ällererbämlichste Stall hot sei miassa, in dem dr Heiland uf d' Welt komma sott, ond sei Wiag nix als a Fuadrtrog.

Abr dr Gabriel hot wenigschtens no de Wind eibläua wella, dass se net gar so arg durch d' Ritza von dem wackliga Stall pfeifat sottat. Ond d' Wolka am Hemmel sottat jo net glei wieder vor Rührung vrfließa ond 's Chrischtkendle mit ihre Träna überschütta. Ond was des Licht en dr Fonzl betroffa hot, so hot mr dem nomol eischärfa miassa, dass es bloß ganz bescheida leuchta sott ond net etwa z' blenda, z' glitzga oder z' strahla wia dr Weihnachtsstern.

Dr Erzengl hot nadierlich au älles O'ziefer aus dem Stall nausgstöbert, d' Ameisa, d' Spinna ond obedengt au d' Mäus. Es wär jo net auszommola gwea, was passiera hätt könna, wenn sich dui Mutter Maria vielleicht vorzeitig über a Mäusle entsetza dät!

Bloß dr Esel ond dr Ox hend bleiba dirfa. Dr Esel, weil mr'n später fir dui Flucht nach Ägypta sowieso no brüücht, ond dr Ox, weil'r so riesagrauß ond so gottsallmächtig faul war, dass 'n älle Heerschara vom Hemml net hättat au a Muckaseggele von dr Stell bewega kenna. Ganz zom Schluss hot dr Gabriel no a ganze Schar Engela im Stall rom ond uf de Dachsparra vrtoilt. Des warat sotte von dr kloinera Art, dia fascht bloß aus Kopf ond Flügel bestandat. Dia häddat sotta bloß ganz still hocka ond ufpassa ond sofort Bescheid geba, wenn dem Kendle en seira nackta Armut ebbes Bais droha dät. No en Blick en d' Ronde, ond no hot dr Mächtige seine Schwinga g'hoba ond ischt drvograuscht.

Guad so. Aber net ganz guad. Denn en ganz kloiner Floh isch auf em Boda von derra Fuadrkripp en dr Streu gstrackt ond hot selig gschlofa. Des kloine Ziefer isch em Engel Gabriel durchganga – vrstoht sich eigentlich – wenn hot au en Erzengel je mit Flaih zom doa!

Wia no des Wonder g'scheha war ond des Kendle so leibhaftig em Stroh gleaga isch, so voller Liebreiz ond so rührend arm, do hend's dui kleine Engela ondrm Dach nemme ausghalta vor Entzücka. Se hend dui Krippe omschwirrt, dass zuganga isch wia ema Taubaschlag. A paar hend dem Butzale wondersame balsamische Düft zuagfächelt ond a paar andere hend am Strauh zupft ond zoga, dass 'n jo koi Hälmle drückt oder zwickt.

Bei derra Kuglfuhr isch nadierlich dr kloine Floh em Strauh ufgwacht. 's isch em no glei hemmlangscht worda, weil'r denkt hot, es sei ebber hendr ihm her, wie sonscht emmr. Wia a a'gsengter Blitz isch'r en derra Krippa omanandrgjuckt ond hot älle seine Künscht' probiert, om sich zom retta. Er hot sich nemme andersch zom helfa gwisst, als en dr ällergraischta Not dem göttlicha Butzale ens Ohr zom schlupfa.

»Vergib mir!«, hot der völlig atemlose Floh gflüschtert, »aber i ka et andersch. Dia brengat mi om, wenn se mi vrdwischat. I hau glei wieder ab, göttliche Gnada, i muass bloß z'erscht gucka, wia!«

Dr Floh hot a bissle romguckt ond ziemlich schnell en Plan ausgheckt g'het. »Pass uf«, hot'r zom Jesuskendle gsait, »wenn i äll mei Kraft zammanemm, ond wenn de ganz still hältsch on di et bewegsch, no kennt i's vielleicht mit oim Satz uf d' Glatze vom hoiliga Josef schaffa, ond von dort spreng i zom Kreuzstöckle ond zor Tür ...« »Spreng ruhig!«, hot 's Jesuskendle für de andere unhörbar gsait, »i bleib still!« Ond no isch dr kloine Floh gspronga. Des war dr mächtigschte Satz, den jemols en dr Weltgschicht a Floh gspronga isch, aber 's hot klappt.

Dodrbei hot sich's leider net ganz vrmeida lassa, dass er des Kendle a bissle kitzelt hot, wo er sich zo sei'm Sprong zemagruckt ond dr Fiaß ondr da Bauch zoga hot. In dem Augablick hot dia Mutter Gottes ihren Ma am Arm zupft ond ufgweckt. »Guck au, Josef«, hot d' Maria selig gsait, »es lächlet scho!«

Karl Heinrich Waggerl
Schwäbisch von Wulf Wager

Was dr Schäfersbua aus Liebe dau hot

In sell'ra Nacht, wo de Schäfer droba auf dr Alb uf em Feld dr scheene Stern am Hemml erschiena ischt ond se sich älle mitnander uf da Weg gmacht hend, den ihne dr Engel gwiesa hot, hot's au en kloina Hirtabua gea, der no so kloi ond so arm war, dass en seim Elternhaus d' Mäus mit vrheulte Auga von dr Behne rabgspronga send. De andre Schäfer hend den Hosasoichr net mitnemma wella, weil 'r jo oinaweg nix ghett hätt, was er dem Chrischtuskendle hätt schenka kenna.

Des hot dr kloine Schäferlehrbua net gelta lassa. Deshalb hot 'r sich heimlich ganz alloi auf den weita Weg noch Bethlehem gmacht, ond er ischt au a'komma. Aber do send dia andere scho wieder auf em Hoimweg gwea ond im Stall hot älles gschlofa. Selbscht dr Stern über'm Stall hot a bissle weniger hell g'strahlt. Aber bloß a bissle. Schließlich warat dui Heilige Drei Keenig no net do, on denne hot'r schließlich au da Weg zoiga miassa.

Dr heilige Josef hot gschlofa, dia Hemmlsmuadr Maria ond d' Engel ondrm Dach hend au gschlofa, ond au dr Ox ond dr Esel – bloß 's Jesuskendle net. Des war glockawach. Es isch ganz still en seira Krippe gleaga, a bissle traurig vielleicht en seira Verlassaheit, aber ohne Gschroi ond Gezappel, denn 's war jo a bsonders bravs Kend, wia mr sich leicht denka ka.

Ond jetzt hot des Kendle den Bua a'guckt, wia'ner do vor dr Krippe gstanda isch ond nix en de Händ ghett hott. Koi Stückle Käs ond koi Flöckle Wolle, oifach gar nix. Ond dr Schäfersbua hot's Chrischtkendle a'guckt, wie's do liega hot miassa ond nix gega d' Langeweile ghet hot, koi Schell, koi Rassele, koin Schnuller, oifach nix. Do hot dem Schäfersbua des Hemmelskend en dr Seele loiddoa. Er hot des winzig-wonzig kloine Fäuschtle en sei Hand gnomma ond ganz vorsichtig da Dauma rausboga ond em Chrischtkendle en da Mund gsteckt.

Ond von do an hot's Jesuskendle nia meh traurig sei miassa, weil der arme kloine Schäfersbua ihm des Köschtlichschte gschenkt hot, was ma Pfätschakendle beschert werda ka: da oigane Dauma!

Karl Heinrich Waggerl
Schwäbisch von Wulf Wager

Weihnachten in meinem Elternhaus

Ehrlich gesagt bin ich mir jetzt, wo ich beginne, diese Geschichte aufzuschreiben, nicht ganz sicher, ob das eine besinnliche, eine ernste oder ein lustige Geschichte werden wird. Vermutlich von allem etwas. Ich bin mir auch nicht sicher, ob ich diese Geschichte jemals vorlesen oder veröffentlichen werde, denn sie ist privat, aber auch öffentlich, so wie mein Elternhaus halt war. Lassen wir uns einfach überraschen. Sie und ich.

Wie bei den meisten Menschen ist auch bei mir die Erinnerung an die Weihnachtstage im Elternhaus mit starken, durchaus positiv gestimmten Emotionen verbunden. Wahrscheinlich deshalb, weil es die einzigen Tage im Jahr waren, wo wir wirklich so etwas wie ein Familienleben hatten. Wo nicht der Volkstanz oder die Heimatpflege im Fokus allen Trachtens standen. Ich möchte das im Rückblick nicht verurteilen, denn haben mir meine Eltern so schon sehr früh Werte vermittelt und Erlebnisse verschafft, von denen ich heute noch zehre und die ich mich bemüßigt sehe aus Überzeugung ebenfalls weiterzuvermitteln. Meinen Kindern, meinen Freunden und letztlich auch Ihnen.

Aber normales Familienleben, das gab es das ganze Jahr im Hause Wager nicht. Kaum war Weihnachten vorbei, packte man die Koffer, um zu einer musischen Wintersingwoche ins meist tief verschneite Alpirsbach zu fahren. Dort musizierte, tanze und sang man den lieben langen Tag mit anderen Menschen, die gleicher, froh gestimmter Gesinnung waren und so das neue Jahr beginnen wollten. Wenn ich irgendwo meterhoch Schnee sehe, kommt die Erinnerung daran sofort, wie wenn man einen Lichtschalter anknipst. Von dort aus ging es an Neujahr nach Ortenberg in der schönen Ortenau, wo in der Jugendherberge alljährlich in der ersten Januarwoche die Baden-Württembergische Volkstanzwoche stattfand und meine Eltern versuchten, rund 200 Volkstanzbegeisterten das Tanzen beizubringen. Und so ging es das Jahr über fort. Ich kann mich an keinen einzigen Familienurlaub im herkömmlichen Sinne erinnern. Aber tolle Auslandsreisen mit der Volkstanzgruppe in aller Herren Länder, das durfte ich schon als kleiner Bub erleben. Der Höhepunkt war eine sechswöchige Rundreise durch Südafrika, wo ich als Zwölfjähriger ganz alleine in einem mit Tausenden Menschen gefüllten Stadion Fahnen schwingen durfte. Das Geräusch, das diese Menschenmassen verursachten, als alle zusammen aufstanden, um mir die Ehre zu erweisen, werde ich nie vergessen.

Doch zurück zur Familienweihnacht. Sie merken schon, bei uns war das alles ein bissle anders als anderswo. Doch meine Sehnsucht nach diesen Tagen war damals sicher genauso groß wie bei allen anderen Lausbuben. Vielleicht aus den vorgenannten Gründen noch mehr. Der Heilige Abend begann damit, dass mein Vater wie jeden Tag ins Geschäft ging und meine Brüder und meine Mutter die Krippe, den Christbaum und die Weihnachtsstube herrichteten. Eine geschäftige, elektrisierende Spannung lag im Haus und die Anziehungskraft meiner Wangen für die Watschenhände meiner großen Brüder war enorm. Am frühen Nachmittag machte ich mich dann auf den Weg, den Vater im Büro im Alten Rathaus in Plieningen abzuholen. Aber vorher gab es noch einiges Erfreuliche zu erledigen, denn mein Vater schickte mich alljährlich mit Weihnachtsgrüßen auf einer selbstgedruckten Karte, die immer von einem Faltscherenschnitt meiner Mutter geziert war, zu Menschen in Plieningen, denen unsere Familie verbunden war. Da waren zum Beispiel unsere ehemaligen Nachbarn, die Familie Wildermuth, dann der Schneider Böck und die Weißnäherin, das hochbetagte Fräulein Eininger. Ob sie wirklich Fräulein war, weiß ich nicht, aber sie ließ sich auch im hohen Alter immer mit Fräulein ansprechen. Vermutlich gehörte sie der Generation Frauen an, deren Liebster nicht mehr aus dem Krieg zurückgekommen war. Jedenfalls nähte sie für die ganze Familie Trachtenhemden und Blusen, sodass natürlich auch sie alljährlich ihre Karte bekam. Persönlich überbracht von mir, dem kleinen, rundlichen, rothaarigen Filius der Familie, versteht sich. Wenn ich auch sonst nicht so couragiert war, diese Dienste habe ich sehr gerne übernommen, denn nirgendwo bin ich ohne wenigstens eine Tafel Schokolade oder ein Markstück mit den besten Grüßen an die Eltern verabschiedet worden. Mein Vater hatte damit zwei Fliegen mit einer Klappe geschlagen. Zum einen sparte er sich das Porto und zum anderen hatte er mich Zappelphilipp für zwei Stunden los.

So fing der bescherungsfreudige Heilige Abend für mich schon am frühen Nachmittag an. Danach sprang ich wieder ins Rathaus, wo der Vater sein Büro hatte. Er löschte alle Lichter, schloss ab und wir gingen die paar Meter zusammen auf den Friedhof, wo seine Pflegeeltern genau in dem Grab ruhten, in dem meine Eltern und zwei meiner Brüder heute auch bestattet sind. Dort stellten wir eine von meinem Vater persönlich aus Kerzenresten des ganzen Jahres in einer alten Konservendose zusammengeschmolzene und in ein Glas gegossene Kerze auf dem Grab ab und gedachten der Ahnen. Noch heute habe ich den Geruch des Paraffins und die schimpfenden Worte meiner Mutter in Ohr und Nase. Man könne ja auch eine Kerze kaufen. Aber da war mein Vater ganz Schwabe. Außerdem hatte so eine selbstgemachte Kerze ja auch einen besonderen Charme. Sie war durch die verschiedenfarbigen Wachsreste streifig bunt und hätte dem Anschein nach ebenso aus einer bekifften 68er-WG stammen können. Den Brauch, am Heiligen Abend eine Kerze auf dem Grab der Ahnen abzustellen, hat mein Vater eingeführt. Bald haben ihn die Plieninger übernommen, und noch heute leuchten die Kerzen am Heiligen Abend auf dem Plieninger Friedhof. Bei der ganzen Kerzengießaktion hat sich mein Vater oft mal die feinen Härchen auf dem Handrücken an der Gasflamme des Herdes verbrannt, sodass sich eine seltsame Geruchsmischung aus heißem Kerzenwachs und Hufschmiede einstellte.

Zwischenzeitlich war einer oder mehrere meiner Brüder mit dem Auto gekommen, denn mein Vater besaß keinen Führerschein. Gemeinsam fuhren wir nachhause. Und nun ging alles seinen geregelten Gang. Alle zogen die Tracht an. Mein Vater kramte für diesen Anlass – alljährlich nur einmal – seine alte, ebenhölzerne Querflöte heraus. Alles sammelte

sich in der Alltagsstube, während die Tür zur sogenannten »guten Stube«, die nur sehr selten genutzt wurde, geschlossen blieb. Aus heutiger Sicht wundert es mich schon, wie mein Vater, ein bekennender Atheist, die Geburt des Heilands zelebrierte.

Kurz verschwand einer der Erwachsenen in dieser geheimnisvollen Stube, um die Kerzen am Christbaum anzuzünden. Dann wurde die Türe geöffnet und die gesamte Familie Wager zog hinter dem Querflöte blasenden Familienoberhaupt in die festlich gestaltete Weihnachtsstube ein. Alle sangen »Es ist für uns eine Zeit angekommen«. Das war schon ein beeindruckender Moment und es fällt mir heute noch schwer zu sagen, was mich daran mehr beeindruckt hat, der Lichterglanz und der festlich mit Strohsternen, glänzenden rotbackigen Äpfeln und Laubsägearbeiten bestückte Baum, die geheimnisvollen Päckle, die wunderschöne Krippe, die mein Großvater gebaut hat oder der vierstimmige Gesang unserer Familie. Da wir alle alljährlich am Adventssingen teilnahmen, konnten wir eine Menge Weihnachtslieder vierstimmig auswendig singen. So nahm das Singen auch mindestens eine Stunde in Anspruch. Eine halbe Stunde hätte mir ja noch eingeleuchtet, aber eine ganze Stunde auf die Bescherung zu warten, war für einen Lausbub wie mich schon ein bissle wie Folter. Für jeden gab es ein oder maximal zwei Päckle. So üppig, wie heute beschert wird, gab es in meiner Kindheit nicht. Mit das Schönste aber war, dass ich als Jüngster in der Familie der Besitzer des Kauf-

ladens war. Das war ein wundervoll gestaltetes Gebäude, das ebenfalls mein Großvater gebastelt hatte. Schindelgedeckt und mit einer kleinen, aber feinen Auslage, in der sich Marzipanmohrrüben, Marzipankartoffeln, Schokobohnen und allerhand Zuckerwaren befanden, die ich mit kleinen Aluschäufelchen in noch kleinere Papiertütchen abfüllen, auf einer ebenfalls minimalistischen Waage abwiegen und dann zu Wucherpreisen an meine Familienmitglieder verkaufen konnte. Besonders empfänglich für meine Kaufmannskunst waren die Freundinnen meiner Brüder, denn die wollten sich ja in der Familie als sympathische Wesen zeigen – was sie auch wirklich waren. Meine Brüder kannten die Strategie aus ihren Kindertagen und waren nur für die kleinen Partysaitenwürstle empfänglich, die ich – weil knapp – für 50 Pfennig das Stück verkaufte.

Hin und wieder erwischte ich einen, wie er sich, ohne zu zahlen, solch eine Delikatesse vom Kaufladen zupfte. Wenn ich ihn erwischt habe, hat das dann inklusive Strafgebühr eine Mark gekostet. Nach Gesang und Bescherung gab es das typische Wager'sche Heilig-Abend-Essen, das es bei meiner Familie bis zum heutigen Tag gibt – auch bei meinen Cousinen in Südafrika, die – weil dort Sommer ist – oft zusehen müssen, wie sich die Wachskerzen in der afrikanischen Sommerhitze vom Baum biegen. Doch was ist das typische Wager'sche Heilig-Abend-Essen, werden Sie sich fragen? Ich glaube, das gibt es bei sonst keiner Familie auf der ganzen Welt: Käsmakkaroni und Leberkäse.

Ich habe diesen Abend immer sehr genossen, denn es war einer der wenigen Anlässe, wo die ganze Familie zusammen war und Zeit füreinander hatte. Nach dem Essen zog man sich in die gute Stube zurück, trank süßen Wein und aß Weihnachtsbreedle. Gegen später gab es dann noch Eierlikör, von dem ich auch ein Stümple ergatterte, indem ich mit den Fingern die Gläsle der Erwachsenen auswischte und sie dann abschleckte. Dann kam auch schon der Zeitpunkt, an dem man mich üblicherweise ins Bett schickte.

Wir waren vier Brüder. Der älteste zog es vor, im Jahr meiner Geburt nach Südafrika auszuwandern. Die beiden mittleren waren im Internat und so wuchs ich fast als Einzelkind auf. Es war trotzdem schön, wenn an den Weihnachtstagen alle beieinander waren. Ganz besonders war es, wenn auch mein Afrika-Bruder mit seiner Frau da war. Meine Mutter hat lang die Geschichte erzählt, als ich als kleiner vierjähriger Dergel eine ganze Packung Persil zu ihm in die Badewanne gekippt habe. Verzweifelt mit dem Schaum kämpfend rief er nach meiner Mutter. Dabei war mein Gedankengang doch einleuchtend: Der kam aus dem schwarzen Afrika und musste erst mal wieder sauber und weiß gewaschen werden ...

Der erste Feiertag war der Tag der Völlerei und des traditionellen Besuchs von Onkel Erwin und Tante Nelly. Das waren gar keine richtigen Verwandten, aber wir Kinder wurden angehalten, respektvoll den kindlichen Ehrentitel zu verwenden. Erst später, als ich schon erwachsen war, bat mich Onkel Erwin, doch auf den Onkel zu verzichten, das würde ihn so alt machen. Jetzt erst recht, hab ich mir gedacht und ihn fleißig weiter beonkelt. Doch der Reihe nach: Schon früh am Morgen, während ich mich schon meinen Geschenken widmete, war die Mutter in der Küche sehr geschäftig, galt es doch, ein mehrere Kilo schweres Federvieh unter tätiger Mithilfe meiner späteren Schwägerinnen in einen Bratschlauch und dann in den vorgeheizten Backofen zu bringen. Regelmäßig verbrannte sich eine der Protagonistinnen die Griffel, sodass Brandsalbe praktischerweise schon neben dem Ofen lag. Vorher musste natürlich das Köstlichste und wahrhaft Göttlichste an der ganzen Mahlzeit, die Brätfüllung, hergestellt und von hinten – wie unanständig – in den Unterleib der Pute gedrückt werden. Schon wenige Minuten nachdem das Vieh im Ofen briet, durchzog ein derartig anrüchiger Wohlduft das Haus und lockte die männlichen Teile der Familie wie die Schmeißfliegen in die Küche. Dort wurden sie mit kalten Käsemakkaroni vom Vortag abgespeist und es schlug meine große Umsatzstunde, denn Käsemakkaroni ohne Minisaitenwürstle schmecken einfach nicht. Also verkaufte ich die Restbestände meiner kostbaren Würste für 1,20 Mark das Stück. Das sei wie bei Diamanten, erklärte mir mein südafrikanischer Bruder, wenn es nur wenige davon gibt, werden die immer teurer. Das war sozusagen die Grundsteinlegung für meine kaufmännische Ausbildung und zugleich die Eröffnung eines Kontos für mein damals noch recht bescheidenes

Vermögen. Ich musste erst noch lernen, dass man nur zu Geld kommt, wenn man Geld, das man hat, nicht ausgibt. Und nicht Geld, das man nicht hat, ausgibt. Das haben bis heute aber nicht viele verstanden ...

Also, die Pute war im Ofen, der Tisch wurde von den künftigen Schwägerinnen und meiner Mutter gedeckt, der Vater widmete sich der umfangreichen Weihnachtspost und mir blieb, Onkel Erwin und Tante Nelly von der Bushaltestelle abzuholen. Onkel Erwin war ein Vertriebener aus dem Kuhländchen und Tante Nelly war seine zweite Frau. Gemeinsam lebten sie in Nürtingen. Es gab eine lang dauernde Verbindung. Das betraf sowohl das Verhältnis meiner Eltern mit Tante und Onkel als auch praktischerweise die Busverbindung. So lief ich alljährlich fröhlich zur Bushaltestelle, um die beiden abzuholen. Onkel Erwin war nicht besonders groß und Tante Nelly – übrigens eine echte Älbler-Schwäbin – noch um einiges kleiner. Deshalb hatten sie auch nur eine kleine Wohnung in Nürtingen. Onkel Erwin war gelernter Gürtler. Deshalb war er in allem sehr genau und immer obenauf in technischen Dingen. Er war einer der Ersten, die eine Super-8-Kamera hatte, dann eine Videokamera und so weiter. Nur deshalb gibt es Filme von unserer Familie. Onkel Erwin war sehr sportlich. Mit Vorliebe hakte er sich links und recht bei zwei Schönheiten ein und machte dann einen Salto rückwärts, um wieder auf genau derselben Position zu landen, bei der er gestartet war, jedoch mit links und rechts sehr verblüffte Schönheiten an der Seite. Er hat das, wie man mir erzählte, oft gemacht. Genau so lang, bis einmal zwei Schönheiten derartig über seine Turneinlage erschraken und einen Satz auf die Seite machten, sodass Onkel Erwin, wegen des Verlustes an weiblichem Halt, auf dem Bauch landete. Danach hat er das nie mehr gemacht. Die Erzählungen darüber haben mich aber derartig fasziniert, dass ich das auch einmal probieren wollte. Mir ging es aber schon beim ersten Mal so wie Onkel Erwin beim letzten Mal. Danach habe ich das auch nie mehr gemacht.

Als Onkel Erwin in Rente ging, entdeckte er für sich ein köstliches Hobby. Er buk Weihnachtsplätzchen. Und nicht nur ein paar, nein, er buk immer 100 Sorten. Damit er bis Weihnachten damit fertig war, begann er schon im August damit. Ich habe nie vorher und nie mehr danach so saubere, ebenmäßige Gutsle gesehen. Eines wie das andere bildschön und lecker. Er selbst aß keine. Er verschenkte alles. Und wenn er ein Päckle für seine Lieben richtete, dann war von den ausgewählten Sorten für jedes Familienmitglied eines im Päckle. So freute sich die ganze Famile auf Onkel Erwins Gutsle. Außer mir, ich freute mich auf Onkel Erwin, denn er war ein dankbares Opfer meiner Kaufmannssucht. Aber er war auch ein Faxenmacher, der in alle möglichen und unmöglichen Rollen schlüpfte, um meine Kaufmannsfähigkeiten auf immer neue Proben zu stellen. So gab er vor, dass er sich an einer meiner an ihn verkauften Marzipankartoffeln einen Zahn ausgebissen habe und mich deshalb verklagen wolle. Ich konnte ihn nur mit der kostenlosen Dreingabe einer meiner wunderbaren, wertvollen Miniwürste davon abhalten. Eine gewisse Schlitzohrigkeit habe ich mir damals von ihm abgeschaut. Ewig konnte er mit mir und meinem Kaufladen spielen. Das war für mich der schönste Moment des ersten Weihnachtstages. Denn endlich hatte mal jemand in dem ganze Trubel Zeit für mich. Meine Brüder waren dann meist bei den zukünftigen Schwiegereltern und so hatte ich meine Eltern und Onkel Erwin und Tante Nelly ganz für mich. Der Nachmittag verging wie im Flug, und ich begleitete die beiden am frühen Abend nur sehr ungerne wieder zum Bus. Daheim hatte währenddessen schon wieder der ganze normale Wahnsinn eingesetzt, denn am zweiten Feiertag fuhr man ja zur musischen Winterwoche, und da musste allerhand gepackt und hergerichtet werden.

Es ist schon komisch. Mich berührt diese Erinnerung auch nach Jahrzehnten noch auf sonderbar sentimentale Weise. Warum? Weil es die einzigen Tage des Jahres waren, wo wir wirklich eine Familie waren. Weil es die einzigen Tage im Jahr waren, wo wir Zeit füreinander hatten. Es berührt mich auch deshalb auf sonderbar sentimentale Weise, weil nach dem Tod des Vaters und vor allem nach dem Tod der Mutter über fast vier Jahrzehnte später die Ursprungsfamilie sich aufgelöst hat, völlig bedeutungslos wurde. Der Kontakt brach ab, man stritt sich. Traurig, aber wahr. Und vermutlich kein Einzelfall. Dennoch, die Erinnerung bleibt – und das Schöne dieser Weihnachtstage in meinem Elternhaus.

Wulf Wager

Weihnachtsfrieda em Wald

Es war en ganz bsonderer Morga. Dr weiße Nebel hot sich baumhoch, dicht über d' Wiesa ond d' Äckr g'legt wia a leicht's Daunabett. Dia strahlende ond wärmende Sonn hot mr drieber bloß vermuta kenna. Grimbart, dr alte, weise Dachs, hot a komisch's G'fühl em Ranza ghet an sellem Weihnachtsmorga, von dem er no gar net gwisst hot, dass des dr Weihnachtsmorga sei wird. Irgendebbes war anderscht wia sonscht. Er hot bloß no net gwisst, was.

Plötzlich isch leichtfüßig a Reh aus em Dickicht g'juckt, naus aufs eisige Feld zom Gugga, ob net no a paar Rescht-Grashälmla ibrig wärat. »Guada Morga, Herr Grimbart, scho so bald ondrwegs?«, hot des Reh freudig grüßt. »Ha no, des Reh ka schwätza«, hot dr alte Dachs grübelt ond freindlich zrückgriaßt: »Guada Morga, Jongfr Reh. Lasset Se sich's no schmecka! Soll jo xond sei fir so langhaxete Springinsfeld wie Sia!« Komisch. Er hot sich mit dem Reh ondrhalda kenna. So was hot's jo no nia gäa.

Auf em ganza Weg hoim en da Wald zo seim Dachsbau hot dr alte Graubart über die sonderbare Begegnong sinniert. Jetzt hot er sich aber erscht amol ausschlofa wella, denn die ganz Nacht war er jo mit Futtersuche beschäftigt. A paar Stündla Schlof dädat ihm jetzt sicher guat. Er war jo schließlich nemme dr Jüngschte. Also isch er en sein guat vrsteckta Bau g'schlupft ond hot sich uf sei Bettstatt aus trocknetem Laub glegt, die sei Frau wie jeden Morga, wenn er von dr Jagd hoimkommt, a bissle ufg'lockert ghet hot. Sie selber isch – wia älle Fraua – scho a ganz Weile am Schlofa gwäa.

En dr Obenddämmerung isch'r wieder ufg'wacht ond voller Wonderfitz vorsichtig vor sein Bau tretta. Wie emmer hot er z'erscht guckt, ob net vielleicht en Jäger auf sein Pelz lauert. Er hot glei gseah, dass über'm ganza Wald a sonderbar's, sanft schimmernd's Leuchta glega isch. »Was isch au heut bloß los?«, hot er sich wieder gfrogt. Am beschta, er guckt erscht mol uf dr Lichtung vorbei, von wo ma dr beschte Ausblick auf des kleine Dorf hot, des nah am Wald g'lega ischt, hot'r denkt.

Ondrwegs hot'r zwoi Regawürmer und drei große Mischtkäfer troffa, dia normalerweis als Sonntagsbrota uf seim Speiseplan standat. Komischerweis hot er überhaupt kein Appetit uf de kloine Viecher ghet. Dia kriechende ond wuselnde Leckereia hend im Gegagzug ibrhaupt koi Angscht vor ihrem Fressfeind ghet. »Was ischt au heit bloß los?«, hot sich dr alte Grimbart nomol gfrogt. »N'Obend!«, hot dr Dachs dia wandelnde Leckereia griaßt. »Gutan Obend, Herr Grimbart«, hend se piepsig und schlonzig den Gruaß erwidert.

Wo nr uf dia Lichtong komma isch, hot dr graue Zottelgsell dia ganze andere Bewohner vom Wald entdeckt. Mr hot sich zwar kennt, isch sich aber eigentlich eher aus em Weg ganga, wenn's meglich war. Obwohl's eigentlich scho a Weile krabbaschwarze Nacht hätt sei solla, isch en sonderbarer heller Glanz über dr Lichtong g'hängt. Deshalb hot dr Grimbart au de andere Viecher leicht erkenna kenna, denn er war jo eigentlich scho a bissle kurzsichtig. Do war dr Reineke Fuchs, dem sei rot's Fell ond sei buschiger Schwanz mit dem weißa Ende in dem bsondra Licht ogwehnlich schee glänzt hot. Isegrim, dr Wolf, isch uf seine Henterpfota gsessa ond hot mit hechelnder Zong en da Obendhimmel glotzt. Offasichtlich war'r in Eile zor Waldlichtung grennt ond no a bissle außer Atem. Neba ihm isch dr Feldhas ond sei Weib ghockt, ond boide hend ebaso ehrfürchtig en da Hemmel guckt. Älle Veegl, mo net en da warma Süda g'reist warat, send eiträchtig nebanandr uf de Äscht von de omliegende Bäum gsessa ond – hend da Schnabel ghalta.

D' Familie Igel isch en gebührendem Abstand zoanandr ebafalls em Gras gsessa ond hot en da Hemml guckt. Au dr Meister Petz, der normalerweis da ganze Wendr en seira Höhle schloft, isch komma ond hot schloftrunka ens Firmament guckt. Als Letschter isch etliche Zeit später dr graoße Hirsch mit seim oglaublich prächtiga G'weih auf da Plan tretta. Älle Viecher hend den Herrscher des Waldes ehrerbietend griaßt.

D' Igel mit piepsiger Stimme, d' Vögel mit ma fröhlicha Liedle ond de andre Viecher älle mit ihrer jeweils ganz oigena Grußformel. »Guatan Obend, liebe Waldbewohner«, hot er in d' Waldmitgliederversammlung gröhrt. »Was ischt denn heut Nacht bloß los? Mir kennat älle mitnander schwäbisch schwätza ond koiner will em andera ebbes z'loid doa? Es isch so friedvoll wie nia dohanna!«, hot dr prächtige Hirsch erstaunt ond irritiert en d' Rond gfrogt.

»Faut hinauf, Majesftät Hirsf, dort oben leuchtet ein Ftern so hell, wie noch nie ein Ftern geleuchtet hat«, forderte dr lispelnde Reineke Fuchs dr Hirsch auf. Er war en Migrant aus Norddeutschland, deshalb hot er koi Schwäbisch gschwätzt. Ond in dr Tat – dort oba am Hemml hot en wunderschönr Stern g'strahlt. Heller ond graißer wie jeder andere Stern. Es hot ausgsäah, wia wenn der über ma Stall im Dorf an da Hemmel g'nagelt worda wär. Sei Schein hot den ärmlicha Stall am Rand von sellem Dorf en a glorioses Licht g'hüllt. »Kommat, mr gangat ond guggat, was do drieba los ischt«, hot dr Grimbart seine tierische Nochbr ufgfordert. »Om Gottes willa«, hot dr Hirsch eigworfa, »do drieba send Menscha, dia wellat mr bloß an's Leder!« Mr hot sich en dr Ronde beratschlagt ond schließlich oine von dene weiße Tauba auf dem als sicher geltenda Luftweg als Kundschafter ens Dorf gschickt. Noch rer Weile isch d' Taube zurückgfloga komma ond hot berichtet: »Dort en dem Stall beim Wirtshaus zom Goldena Engel isch en aldr Ma ond a jonge Frau, die offabar grad erscht a Kendle uf d' Welt brocht hot. Des Kendle isch so schee ond lieblich ond 's goht a ganz eigaartigs Strahla von em aus. Des missat'r a'gucka!«

's war a eiskalte Nacht ond mr war sich sicher, dass koine Menscha auf dr Gass wärat. Ond so isch die ganze tierische Gesellschaft loszoga zom des bsondere Kendle azomgucka. Ganz vorna send dia Mischtkäfer krabbelt, denn dia waret de langsamschte. D' Regawürmer send aus Tempogründ' in de Schnäbel von de Krabba g'reist. Ganz wohl war ihne net drbei, aber irgendwie war jo in derra Nacht älles anderscht. No isch d' Igelfamilie drhergwaggelt, dann dr Grimbart, dr Reineke Fuchs ond Isegrim, dr Wolf. Dr Meischter Petz isch schloftrunka hinterhergschlürft. Als Letschter isch dr graoße, prächtige Hirsch mit seim ausladenda 18-endiga G'weih majestetisch gschritta. So hot sich d' tierische Prozession Richtung Stall aufgmacht.

Wo se dort a'komma send, hend se vorsichtig durch des kloine Fenschter ond die viele Ritza ond Aschtlöcher en dr Bretterwand en da Stall guckt, der durch a kloine Latern, den Stern am Firmament ond vor ällem durch des sanfte, heilige Leuchta von dem kleina Kendle erhellt worda isch. D' ganze tierische Gemeinschaft war völlig vrzückt von dem Anblick ond dr Aura ond dem Glanz, der von dem kloina Kendle ausganga ischt. Plötzlich isch's au om sie heller ond heller worda, ond sie hend guckt, woher dr Schein kommt. Älle Auga hend sich auf da Hirsch, den Herrscher vom Wald, grichtet, denn an seine G'weihenda sind anandrnoch lauter kloine Lichter ufgflammt. Dermaßa erleuchtet send se älle mitnander wieder ehrfürchtig Richtung Wald zoga. Diesmol allerdings isch dr Hirsch vorausganga, der stolz d' Lichter auf seim G'weih präsentiert hot. Ond seid sellra heiliga Nacht em Wald isch es bei ons dr Brauch, an Weihnachta Kerza auf en Leuchter zom stecka ond a'zomzenda. Grad so wia auf em G'weih vom Hirsch em Weihnachtswald.

Wulf Wager

Weihnachtszwitschera

Isch euch scho mol aufgfalla, dass d' Veegel im Wentr net sengat? Bloß in dr Heiliga Nacht. Ond des isch so komma: Es isch grausig kalt gwäa in sellra Nacht. Still war's aber net. Denn dr Josef von Nazareth ond sei hochschwangere Maria hend in dem Stall in Betlehem Zuflucht g'suacht, weil des drzuagehörige Wirtshaus scho vollkomma belegt war. Dr Wirt war im Vrgleich zo seine übrige Bethlehemer Kollega a aständiger Kerle ond hot a Ei'seha mit dem heiliga Paar ghet. Dia boide warat jo genügsam. Hauptsach, se hend a Dach ibrm Kopf gheet.

Dia boide Hauptmieter, dr Ochs ond dr Esel, hend durch ihr Schnaufa au scheene Wärme geba. Des hot au des kloine Veegele gwisst, des im Stall Zuflucht vor dr kalta Nacht gfonda hot.

No isch's aber so weit gwäa ond dia heilige Maria hot ihr Kendle gebora. Des war dem Veegele no aber doch z' viel Trubel mit dene ganze Engel, dia äolische Düfte verbreitet ond Hosianna xonga hend. Deshalb isch es zom Stallfenschter nausgfloga. Weil es aber so saukalt war in sellra Nacht, isch dem Veegele drussa 's Schnäbele zuagfrora. So arg es au vrsuacht hot, des Schnäbele aufzombringa – es hot net klappt. Schnurstracks isch es en Stall neigfloga on hot sich auf den Kripparand zo dem neugeborana heiliga Kend gesetzt ond des in seira Schönheit betrachtet. Wie zufällig hot des Chrischtuskendle des Schnäbele von dem Veegele g'stroift ond scho hot's des wieder aufbrocht. Fleißig hot es ei- ond ausgschnauft. Ond plötzlich, wia durch a Wonder, hot des Veegele pfiffa. Ihr miasset wissa, dass vor Jesu Geburt koin Vogel uf dr ganza Welt hot pfeifa kenna. Des kloine Veegele hot schnell gmerkt, dass des Pfeifa ebbes ganz B'sonders isch.

Ond no hot's sich ausbrobiert ond in älle Tonlaga pfiffa ond zwitschrat, hot Koloratura trällert ond Aria xonga – ganz wunderschee. Auch die Heilige Familie hot graoßa G'falla an dem Xang ghet.

Seit sellra heiliga Nacht, wo des Chrischtuskendle des zuagfrorene Schnäbele von sellem Veegele g'stroift hot, isch dene Veegela auf dr ganza Welt dr Xang geba. De graoße Veegel a bissle rauer, de kloine Veegele a bissle feiner ond zarter. Ond obwohl dia Veegela im Wenter normalerweis net zwitschrat, ka mr se in dr heiliga Nacht senga heera. Ihr miassat bloß en euer Herz neiheera.

Wulf Wager

Dr Jörgle ond d' kloine Sünd'

Dr Wendr war eisig kalt. Scho Anfang November hot's 's erschte Mol fescht gschneit ond seither isch dr Schnai stracka blieba ond ällbot wieder hot's a bissle druffgschnaitzelet. Zo de Häuser em Ort hot bloß no a schmale, freigschippte Spur g'führt. Sonscht hot mr bloß no Schnaihäufa gseah. So hend Wendr uf dr Alb halt sei kenna. Draußa uf am Feld ond em Garta hot mr nix maih do kenna, em Wald war's z' gfährlich. Ond so hot sich au dr Vaddr auf des beschränkt, was mr em Wendr im Haus, em Stall ond en dr Schuier halt zom doa ghet hot. 's Korn war droscha, d' Flegel ufghängt, a Sau war g'metzget, dr Schenka ond d' Würscht send em Keemich ghängt, 's Kraut war eigschnitta ond eig'stampft ond dr Mooscht hot erwartungsfroh vor sich nagärt ond fröhlich brodelt, grad als ob 'r sich freia dät, bis om Weihnachta rom dr Vaddr dr Sponta ens Spontloch vom erschta Fässla trieba hot.

Also hot dr Vaddr älles des repariert, was dr Sommer über heeganga isch. A paar Recha hen Zenka vrlaora, Sensa musst mr dengla ond schärfa. Ond dann hot sich dr Vaddr, wenn des älles gschafft war, en sei Werkstatt zrückzoge ond a geheimnisvolle Arbet a'gfanga. Aus ma groba Holzklotz von ra Linde hot er mit ma Stechbeitel a grobe Maske fir's A'klöpfla gschnitzt.

's A'klöpfla isch en aldr Brauch, bei dem scho dr Vaddr ond dem sei Vadder ond au scho dem sei Urähne mitgmacht hend. Beim A'klöpfla gangat dia Kendr vom Dorf an de drei Donnerschtag vor Weihnachta maskiert von Haus zo Haus, sengat a paar alte Lieder, wünschat de Hausleut viel Glück ond Sega ond kriegat dodrfier so herrlich wundervolle Sacha wia Breedla, Würscht, Schnitzbrot ond sogar au amol a Oraasch. Des warat mit d' scheenschte Däg vom Johr. Älle Kendr, wo en dr Schual warat, hend mitmacha derfa. An dene drei Donnerschdag vor Weihnachta goht mr – sobald's donkl wird – en d' Klöpflesnacht. So will's dr Brauch. Ond wo's dr Brauch isch, legt mr d' Kuah ens Bett.

Em Hansjörg seine G'schwischter send scho seit a paar Johr en d' Klöpflesnacht ganga, aber des Jörgle war oifach no z' kloi. Erscht em kommenda Johr kommt 'r an Aoschtra en d' Schual. Aber es hot en scho saumäßig pfupferet, dass er net mit seine drei Gschwischter zom A'klöpfla ganga hot derfa, denn bloß die Kendr, wo drbei waret, hend sich nadierlich die Ausbeute an Weihnachtsguatsla, Würscht ond dene ganze herrliche Leckereia doilt. Des Johr hot sei Schweschter Kathree zom erschta Mol mitganga derfa. Dr Vaddr hot ra a oifache Mask' gschnitzt mit ma ganz komischa Gsicht. Dia Mask' hot 'r au no zemlich bont agmolt, mit raote Backe, gelbe Zäh ond ra grüna Stirn. Em Jörgle isch g'schwend andersch worda, wo sei Schwester dui Mask amol aufgesetzt ond en Juchzer nauslau hot. So verändert hot die ausgsäha mit derra Mask'.

Glei amol hot se des Sprüchle probiert, wo mr en dr Klöpflesnacht sengt:

A'klopfa Hämmerle
's Brot leit em Kämmerle
's Messer leit drneba,
sollsch mr a Stück geba
Äpfel raus ond Birna raus,
oder i lass dr Mardr ens Hennahaus.

No send au scho em Jörgle seine reschtliche Gschwischter mit ihre Maska ond Glocka komma ond die ganz Bagasch isch mit zwoi alte Mehlsäck loszoga. »Gangat in Gott's Nama«, hot ihne dr Vaddr ondrm Türstock no nochgrufa. Ond weg warat se.

Des Hansjörgle isch ganz traurig neba seim Vaddr gstanda. »Näggschd Johr derfsch au mit«, hot dr Vaddr gsait ond 's Jörgle sanft in d' warme

Stuba gschoba ond d' Tür zuag'macht. »No schnitz i dir au a Mask'!« Des Versprecha hot da Jörgle aber net aufmuntra kenna, denn er hot jo gwisst, dass des, was seine Gschwischter hoimbrengat, bloß fir dia isch, wo beim A'klöpfla drbei warat.

Etwa drei Stond später send d' G'schwischter wieder ens Haus reigschneit. Ond des hot ma wörtlich nemma kenna, denn dussa hot's a ganz schee's Schnaile gschneit ond äwwl no hot dr Herrgot dicke, weiße Flocka vom Hemml ra'keit. Scho noch zehn Meter Weg hot mr koi G'stäpf meh gsäha. Dene drei Gschwischter vom Jörgle war's egal, denn ihre Säck warat guat gfüllt.

D' Muddr hot dene drei ihre Maska abzoga, ihre zwoi volle Säck abgnomma ond älle mitnander ens Bett gschickt. Wohlg'merkt en oi Bett! Vorher hot se en hoißa Backstoi ens Nescht glegt, damit se's au schee warm hend en dene kalte Nächt, denn d' Schlofkammera hot mr net ghoizt, ond oft war Raureif auf de mit Strauh gfüllte Bettziacha.

En sellra Nacht hot dr Jörgle en ganz absonderlicha Troom ghet. Er isch ganz alloi mit dera neua Maske, die sein Vaddr fir ihn gschnitzt hot, durch da Flecka zoga, hot mehr g'juchzt als aufgsait ond hot so viel scheene Sacha erheischt, dass'r vierazwanzg Habersäck auf ma Ladewage, vierspännig von schwarze, feurige Rösser zoga, mit hoimbrocht hot. Älle warat total stolz auf ihn, des kloine Hansjörgle. Aber seine Gschwischter hot'r nix abgeba. Er wollt des älles selber verputza.

Mittla en dem scheena Troom isch'r aufgwacht, weil 'r hot zom biesla miassa. Auf em Weg zom Abe isch'r an denen boide guat g'füllte Klöpfles-Säck von seine Gschwischter vorbeikomma ond – hot dr Vrsuchong net widerstanda kenna. Em Halbdonkla hot'r en en Sack neiglangt ond a grauß Sprengerle vrdwischt. Uf dem Bild von dem Sprengerle war d' heilige Familie ond 's Christkendle en dr Krippe abbildet. Do hot'r herzhaft neibissa. Glei hot's en Kracher do ond en dem stoiharta Sprengerle send glei vier vom Jörgle seine Milch-Schneidezäh gsteckt – uf dr oina Seit zwischa zwoi Anisbreckala ond uf dr Bildseite genau em Heiliga Josef seine Wada. Des warat d' allererschte

Milchzäh, dia dr Jörgle vrlora hot. Deshalb hot'r au net gwisst, dass des ganz normal isch. Do hot'r en grauße Schrecka kriagt, dia Heilige Sprengerlefamilie mitsamt vier blutige Milchzäh uf da grobe Holzboda keia lau ond fürchtig afanga zom plärra.

An dem jämmerlicha Geheule isch sei Muddr uffgwacht. Mit dr Kerz en dr Hand isch se auf des Buale zua, der neba dene Säck ghockt isch, hot d' Situation sofort erfasst und des Buale en da Arm gnomma ond tröschtet. So wia Miadr des oifach machat. No erscht hot se des Sprengerle mit denen blutige Zäh' uf am Boda liega säha.

»Oh mei Jörgle«, hot se gsait, »hosch net vrwarta kenna? Deine Gschwischter hättat dr bestimmt ebbes abgeah. Aber siehsch, Jörgle, kloine Sünda bestraft dr Herr sofort!« Dodrmit war älles g'schwätzt. En ihrer gütiga Art hot se des Jörgle an ond des Sprengerle en d' Hand gnomma ond so send se en d' Kuche. Dort hot se em Jörgle a Läpple fir sei blutige Gfriss geba ond dia kloine Milchzäh aus dem Springerle klaubt, sauber gmacht ond en a klois Spanschächtele packt. Se hot gschmunzelt, wo se des doa hot.

No hot se a Milch uf da no warme Herd gsetzt ond des stoiharte Sprengerle en des Milchhäfele eibrockt. Wo d' Milch lauwarm ond des Springerle woich war, hot d' Muddr ihren Jüngschta auf da Schoß gnomma ond not hot des Jörgle d' Köschtlichkeit ganz alloi auslöffla derfa. Vorher hot se aber no en ganza Löffel Honig drzuadoa. So ebbes Wunderbars hot des Jörgle no gar nia gessa. Des war fir des Jörgle no viel, viel scheener als sei Traum. Wo er no später mit ma ganz herrlich wohligwarma G'fühl wieder zo seine Gschwischter ens Bett gschlupft isch, war ihm ganz klar, dass ihm des Warta auf's näggschde Johr gar nix ausmacht, denn er hot jo sei ganz persönliche Klöpflesnacht scho ghet – sogar no vor seine Gschwischter. Sollat dia ruhig ihre Säck leerveschbara.
Bis im näggschta Johr hot er neue Zäh' – des hot em sei Muddr vrsprocha – ond no kann au er wieder Sprengerle essa.

Wulf Wager

Chrischti Geburt en dr Zeidong

Stellat Se sich amol vor, was d' Zeidong schreiba dät, wenn sich Jesu Geburt heutz'tags abspiela dät: **Säugling em Stall gfonda –** *Polizei ond Jugendamt ermittlat, Zemmerma' aus Nazareth ond o'mündige Muddr vorläufig feschtgnomma.*

Bethlehem/Judäa – En de frühe Morgastonda vom geschdriga Dag send d' Behörda von ma besorgta Bürger alarmiert worda. Er isch durch Butzelesg'schroi auf a jonge Familie aufmerksam worda, dia en ma Stall g'haust hot. Wo d' Beamte vom Sozialdienscht und dr Polizei dort ei'troffa send, hend se en Säugling vorgfonda, der von seira Muddr, einer g'wissa Maria H. aus Nazareth, in Stoffstroifa g'wickelt en an Futtertrog g'legt worda war.

Bei dr Feschtnahme von Muddr ond Kend hot en deutlich älterer Mann, der später als Josef H., ebafalls aus Nazareth, identifiziert worda isch, vrsuacht, d' Sozialarbeiter abzohalta. Josef H. hot, ondrstützt von drei Viehknecht ond drei unidentifizierbare Ausländer mit afrikanischem, asiatischem ond arabischa Ausseha, versucht, d' Mitnahme von Muddr ond Kend zom vrhindra. Festgnomma send au dia drei Ausländer worda, dia sich als Weise ond Aschdrologa bezeichnet hend. Sowohl 's Innaminischterium wia au dr Zoll send auf dr Such' noch Hinweis über d' genaue Herkunft von dene drei Migranta, d' sich offabar illegal im Land aufhaltat. En Sprecher von dr Polizei hot mitteilt, dass se koine Papiere zor Identifikation bei sich g'het hend, dodrfier aber jede Menge Gold zweifelhafter Herkunft ond einige möglicherweis' verbotene Subschtanza. Se hend sich ihrer Feschtnahme widersetzt ond behauptet, Gott hab ihne a'traga, sofort hoimzomganga ond jeden Kontakt zo offizielle Stella zu vrmeida. D' mitgführte Chemikalia, vermutlich berauschende Subschtanza, send zor weitera Ondrsuchung ins Kriminallabor gschickt worda.

Dr Aufenthaltsort von dem Säugling wird bis auf weiteres net bekannt geba. A schnelle Klärung von dem Fall scheint zweifelhaft. Auf Rückfraga von onserer Zeitong hot des Sozialamt mit'teilt: »Der Vater ist mittleren Alters, und die Mutter ist definitiv noch nicht volljährig. Wir prüfen gerade mit den Behörden in Nazareth, in welcher Beziehung die beiden zuanander stehen.« (Anmerkung des Verfassers: Auf schwäbische Amtsstuba hockat meischt Fischköpf, dia net schwäbisch kennat. Oder Schwoba, dia vrsuchat, g'scheit noch dr Schrift zom schwätza!).

Bei dr Befragong von dene Viehknecht durch onsr Zeidong hend dia überei'stimmend berichtet, dass ihne an graoßer Ma mit ma weißa Nachthemd ond Flügel uf seim Rücka befohla häb, den Stall zom suacha ond des Butzele hochleba zo lassa. En Stern häb ihne da Weg gwiesa. Dodrzua hot en Sprecher von dr Drogafahndung bloß gmoint: »Das ist so ziemlich die dümmste Ausrede vollgekiffter Junkies, die ich je gehört habe.«

Maria H. isch im Kreiskrankenhaus in Bethlehem, damit se medizinisch ond psychiatrisch ondrsuacht werda ka. Sie muss mit ra A'klag rechna. Weil se behauptet, sie wär no Jongfer ond des Butzele dät von Gott stamma, wird ihr geischtiger Zustand näher ondr d' Lupe gnomma. In ra offiziella Mitteilung von dr Psychiatrie stoht: »Es steht uns nicht zu, den Leuten zu sagen, was sie glauben sollen, aber wenn dieser Glaube dazu führt, dass – wie in diesem Fall – ein Neugeborenes gefährdet wird, muss man diese Leute als gefährlich einstufen. Die Tatsache, dass Drogen, die vermutlich von den anwesenden Ausländern verteilt wurden, vor Ort waren, trägt nicht dazu bei, Vertrauen zu erwecken. Wir sind uns jedoch sicher, dass alle Beteiligten mit der nötigen Behandlung in ein paar Jahren wieder normale Mitglieder unserer Gesellschaft werden können.«

Autor unbekannt
Schwäbisch von Wulf Wager

POLIZEI

Gedichtla

's wird Weihnachta

Weihnachta kommt mit grauße Schritt,
mr sieht's ond merkt's bei jedem Tritt.
Älles duat en Flecka laufa,
scheene Weihnachtsgschenk eikaufa.
Ond drhoim an älle Ecka,
duat mers heimlich no verstecka.

Viel Briaf od Päckla traget aus,
d'Leit von dr Post en jedes Haus.
Ganz alloi so em Donkla,
sieht mr äls a Kerzle fonkla.

En dr Schual, do senget wieder,
d'Kender scheene Weihnachtslieder.
Dr Chrischtboom wird beim Rathaus gricht,
's goht nemme lang, no strahlt sei Licht.
Drom passet auf ond gebat acht,
wenn 's Chrischtkend läutet en dr Nacht.

Marie Richter-Dannenhauer

's Wegge'taler Kripple

1.

Es ist am Heilig Obed gsei',
dr Luft hot grausig blose',
soweit ma' gseha' hot – Eis ond Schnai,
ond wia ausgstorbe' d Stroße'.

Paar Schäfer hocket steif ond kromm
mit pfanne'bloe Aohre'
bei ihrem Pferch oms Fuier rom –
se send schao' halb verfraore'.

Em Städle dob, en Bethlehem,
ist älles still ond fei'ster ...
»Wenn iatz«, sait Oar, »s Christkendle käm
ond froge' tät: wa waö'scht dr?«

»I möchte en ganze' Maltersack
voll Kreuzer, tät e sage'.«
– »Ond i e' Päckle Schnupftabak
ond ebbes Warms en Mage'.« –

»I wött e' warme Pudelkapp.«
– »Ond i en Speck, en fette' ...« –
En Alter bruttlet: »Schwätz koan Papp.
zo arme Leut konnts ete'.«

Uf oamol sprenget d Schof durnand
ond drucket se en d Ecke',
ond d Hond send außer Rand ond Band
ond stellet d Hoor vor Schrecke'.

Ällsomer glitzget zmol dr Schnai,
ond d Steane' kriaget älle
en weiße' Hof wia-n Heilge'schei',
ond s ist e' graoße Helle.

Dia arme Schäfer schüttlets ganz
– 's send sust heazhafte Manne' –,
koa Wonder: s stotht en vollem Glanz
en Engel vorne' danne'!

Der Engel sait: »Verschrecket et,
's ist Ui e' Glück a'gange':
's Christkendle hot en Ei'seah' ghett,
's loht arme Leut et hange'.«

Ond glei druf haalet übers Feld
en Orgle' ond e Senge' –
vo' älle Kirche'chör der Welt
täts koar so fetigbrenge'.

Dia Schäfer send noh ganz eweg:
's ist also doch noh komme'!
Noh nemmet se ihre Dudelsäck
ond lend se ghörig bromme'.

Ond stolperet durch Schnai ond Wend
ond suachet noch em Kendle
ond brenget ehm mit steife Händ.
so guat s halt goht, e' Ständle.

2.
E' Schofstall so ärmlich, so eng ond so klei',
mit Naot goht en Ochs ond en Esele nei'.
Em hülzerne' Kripple uf Heu ond uf Straoh,
do leit es ond strablet ond lachet so fraoh.

Maria sitzt bei-n-em ond wiagets en d Ruah
ond deckts mit me' bowüllene' Kopftüachle zua.
Dr Josef schleecht Fuier mit stärrige Händ
ond kochet e' Süpple, e' Breile em Kend.

Ond d Naacht ist so still, ond neamed ist wach,
nao d Steane' am Hemmel glitzget durchs Dach
Wia Christboom so hell ond so klar wia Kristall –
iatz knublet vors Kripple: s ist Weihnächte m Stall ...

3.
De Heilige Drui König aus Morgeland,
dr Kasper, dr Melcher, dr Baltes,
hend Roß ond Kamel ond en Elefant
mit me' Glöckle am Rüassel – dear gfallt es!

Mo goht dr Weag ge Bethlehem nom?
Se froget Stadtleut ond Baure',
se froget em ganze' Ländle rom,
se könnet oan währle daure'.

Se froget sogar beim König a',
beim Judekönig Herodes.
Dear stellt ehne' altbachene Sprengerlen na',
e' Krüagle Most ond en Brotes.

Se wölle en Bsuach mache' z Bethlehem
ond häbe de' Weag verlaore'.
»Ond darf ma' froge', ihr Herre', bei wem?«
Dr König Herodes spitzt d Aohre'.

De Heilige Drui König lend d Katz aus em Sack,
de aoschuldige Kender müaßts büaße' ...
Ond katzefreundlich sait dear Schlawack,
se solle ao z Bethlehem grüaße'.

Se saget Adje ond ladet wied uf,
de 'Weihrauch ond s Gold ond d Myrrhe'.
Ond zmol schreit dr Baltes: dr Stean, gucket nuf!
Iatz ka' ma' se nemme verirre' ...

De Heilige Drui König folget seim Schei',
dear Stean hot ebbes z bedeute'!
Se machet et Halt ond se kehret et ei'
ond juzget ond senget em reite'.

Zmol über me' Stall vergruabet dr Stean,
se freuet se schao' wia Kender ...
En alter Ma' mit re' Stall-Latean
konnt raus ond froget: »Wa wend r?«

»Mir send dia Drui König, dr Stean hat aos gseit,
do henne' tätet mr fende' ...«
– »So«, sait dear Ma', »descht aber e' Freud,
iatz kommet nao rei', i will zende'.«

Se fendet e' nackets Kendle em Straoh,
's hot et emol reachte Wendle',
sei' Muater, e' bildschöne jonge Frau,
sitzt bei-n-em ond gwärmet em d Händle'.

Ond ist ao des Kendle noh so arm
ond muaß eme' Schofstall wohne' –
de Heilige Drui König wud s Heaz ganz warm
se lupfet ganz fromm ihre Krone'.

Ond leget ens Kripple nei' ihre Präsent,
ond s Öchsle und s Esele brommet.
De Heilige Drui König faltet d Händ
ond senget »Ihr Kinderlein, kommet«.

4.
's hot et lang ghebt, des Glück em Stall:
paar Täg druf hoaßt es Knall ond Fall,
se müaße samt em Kendle
schnell fott ond aus em Ländle.

Deam Judekönig sei des Kend
e' Doan em Aug ond wenn rs fend –
Gnad Gott noh Kend ond Muater!
Herodes sei koa' Guater …

Ist des en Elend ond e' Kreuz,
iatz müaßet se fott, ond dusse' schneits!
Se packet guatig zsemme',
viel hend se et zom nemme'.

Maria uf em Esel dob
('s Kend ontrem Ma'tel schloft gottlob),
dr Josef a' me' Stecke' –
so gehnd se naus zom Flecke'.

Se wartet tapfer dur de' Schnai
berguf, berga ond querfeldei';
dezua'na', daß se frieret,
konnt d Angst, de' Weag z verlieret.

So kommet se a' d badisch Grenz.
Dr Josef schnaufet uf: »Mr hends!«
Maria aber lachet:
»Pst! Daß mrs et verwachet!«

Arms Würmle, o wa wuud drs ao
bei selle fremde Mensche' gaoh'?
Komm wieder gsond ond lebig,
Herodes lebt et ebig …

Sebastian Blau

D' Guetsle

Muetter, dua heut Guetsle bacha,
Weihnachta ischt bald!
Deine selber-gmachte Sacha,
woisch, dia mag i halt!

I hol glei dia Sächla her.
Zucker, Oier, Fett!
Jetzet fällt dir's doch et schwer,
Muetter, des wird nett!

Lebküchle ond Wefzgenester,
Zemmetstern mit Guß!
Hembeerbrötla ebbes fester
Ischt a Hochgenuß!

Ausstecher in viele Arta,
Sprengerle ischt's Best!
Muetter, i ka's kaum verwarta
Bis mr's ißt am Fest!

Marie Richter-Dannenhauer

Mei Weihnachtswunsch

Uf Weihnachta do wünsch i halt
En schö verschneita, stilla Wald,
ond für dia Rehla ond da Has'
a warmes Nest aus dürrem Gras;
für d' Vögela en Futterplatz
en Onterschlupf für jede Katz,
en guata Herra jedem Hond
de Gäule em Stall a ruhiga Stond.

Uf Weihnachta do wünsch I halt
a Stuba, wo mr's drenna gfallt,
mit Tannaduft ond Kerzalicht –
von Muetter, Vatter a liebs Gsicht;
daß dr Christboom glitzt ond fonkelt,
wenn's duß are-schneit ond donkelt –
ond vielleicht durch d'Fensterlucka
's Christkend selber rei duat gucka.

Uf Weihnachta do wünsch i heut,
dr ganze Welt a stille Zeit,
fer älle Menscha 's täglich Brot
ganz ohne Jammer, Krieg ond Not;
a Krippele mit Heu ond Stroh
des mach' so recht von enne froh –
ond schenk au dir, ob reich ob arm,
a Herz recht guet ond lieb ond warm.

Marie Richter-Dannenhauer

Bräuch'

Moschtrois oder 's Chrischtbaumloba

Aus einer Ortschronik aus Nellingen vom Ende des 19. Jahrhunderts geht hervor, dass Moscht auf der Schwäbischen Alb in dieser Zeit zu einem der wichtigsten Getränke zählte. Dort heißt es: »Zweites Frühstück Most und Brot, Abendessen Brotsuppe, Kartoffeln und Milch; in dieser Weise nähren sich alle Kategorien der hiesigen Bevölkerung, bloß haben die Reichen mehr Fleisch. In manchen Häusern wird neben Most auch ein wenig Branntwein verabreicht. Bier wird bloß sonntags im Wirtshaus auf eigene Kosten getrunken. Getränke: täglich 2 Liter Most, in der Ernte 4 Liter für männliche Arbeiter, weibliche die Hälfte. Frauen und Kinder trinken nur wenig Most, Branntwein gar nicht.«

Wenn der süße, frische Apfelmost einmal ins Fässle geschlaucht und seinem Gärprozess überlassen wurde, wartete man ungeduldig auf den neuen Moscht. So lange musst man sich mit dem vom Vorjahr begnügen, der unter Umständen ein extrem räses Exemplar des Apfelweines war, denn die Obstjahre fallen witterungsbedingt sehr unterschiedlich aus. Deshalb lagerten im Keller auch meist zwei Fässer – einer für den Alltagsmost und einer für den Feiertagsmost. Der Feiertagsmost war meist mit Bratbirnen oder ein paar Händen voll Weintrauben verfeinert.

Ein insbesondere für Männer nicht unwesentlicher kulinarischer Höhepunkt der Weihnachtszeit war und ist teilweise heute noch der neue Moscht, der bis dahin freudig vor sich hin gärte und überschwänglich im dunklen Keller blubberte. Das erste Fässle durfte zur Weihnachtszeit unter Hochspannung erwartungsschwanger angestochen werden. Wenn man Pech hatte und nicht mit dem sauren Schwabentrank hausgehalten hatte, saß man schon eine ganze Zeit auf dem Trockenen. Wer Geld im Sack hatte, konnte sich im Wirtshaus Bier kaufen. Ansonsten musste man sich in der mostlosen Zeit mit Wasser über Wasser halten ... Wie 's Vieh!

Oft gingen die Männer am Heiligen Abend die steile Stiege in den Keller hinab, um dem Moschtfässle den allerersten Krug des neuen Jahrgangs mit dem frisch vergorenen Wein aus Äpfeln und Birnen, meist »Goißhirtla«, aus dem Spundloch abzutrotzen.

Sanft rollte der Moscht in den Gaumen, hinterließ einen rauen Belag auf der Zunge und die Augen glänzten, der Abgang war oft nachtragend ... Moscht muasch meega. Meistens war man aber hochzufrieden. Schließlich hat man sich ja auch viel Mühe gegeben und weiß seit alters her, was man tun muss, damit man einen guten und angenehm frisch schmeckenden Moscht bekommt. Erotisch ist der Moscht allerdings nicht. Denn der saure Atem lockt nicht zu süßen Küssen. Es sei denn, beide Erotikpartner haben von dem herrlichen Schwabentrunk gekostet. Dann geht es freilich. Der Moscht eignet sich aber auch hervorragend zur Partneranbahnung. So ist der beliebeste schwäbische Anmachspruch: »Moischt, d' magscht Moscht? Moinscht, no magsch au mi?«

An den Feiertagen ging man dann zu den Nachbarn und engeren Verwandten auf die sogenannte »Moschtrois«. Reihum geht das Besuchen und alle machen natürlich auch einen Gegenbesuch. Im Zentrum dieses Besuchs steht das »Chrischtboomloba«: Mit teils völlig übertriebenen Worten wird die exorbitante Schönheit des heimgesuchten Christbaums ausgeschmückt und sei es noch so ein dürrer Storra, der einem Schandmaien die größte Ehr einlegen täte. Ziel der Schmeichelei ist, ein Glas des neuen Mostes zu erhaschen, oder – noch besser – gleich einen Kirschenschnaps oder ein anderes hochprozentiges Brennerzeugnis von den Streuobstwiesen. Am besten beides. Niemand lässt es sich nehmen, stolz einen Krug seines frischen Mostes auf den Tisch zu stellen. Dieser »Schwäbische Champagner« wird von den Gästen sachkundig verkostet und – natürlich häälenga – mit dem eigenen verglichen, der hoffentlich doch der bessere ist.

Wulf Wager

Verführerische Springerle

Wenn eine Weihnachtsgebäcksorte für unser Ländle typisch ist, dann sind es die Springerle. Jene weiß-gelben Zucker-Eier-Mehl-Anis-Brödle, mit den schönen Bildern auf der Oberseite. Die einen empfinden es als aufwendig herzustellendes, aber langweilig schmeckendes Gebäck, die anderen – und anderen Spitzen stelle ich mich gerne – finden es die beste Köstlichkeit, gleich nach dem himmlischen Manna. Voraussetzung: sie müssen weich sein. Denn meist werden sie hart. Dabei gibt es ein ganz einfaches Rezept: Man muss Puderzucker verwenden und wenn sie gebacken sind, dieselben in einer Pappdeckelschachtel draußen an der frischen, feuchten Luft aufbewahren. Dann bleiben sie weich – bis Ostern notfalls. Wenn es dann noch welche geben würde. Denn meist sind sie vorher verzehrt und nach Weihnachten backt keiner mehr Springerle. Leider. Waren sie hart – was oft der Fall war und an der eben schon erwähnten falschen Aufbewahrung liegt, blieben sie auf dem Gutslesteller liegen. Selbst der Christbaum war dann oft schneller verschwunden als die steinharten Dinger. Meistens nahmen sich schließlich die Eltern der Verschmähten an, nicht ohne sie zuvor zu betrachten, bevor sie sie in den Kaffee tunkten, damit sie weich wurden und verzehrt werden konnten. Ohne die Aufweichhilfe war ihnen nicht beizukommen. Theoretisch könnte man sie auch in Kirschwasser tunken, aber das würde nach dem dritten Springerle zu Ausfallerscheinungen und Persönlichkeitsveränderungen führen.

Springerle, cremeweiß an der Oberfläche, unten zartgelb bis bräunlich, gesprenkelt von dunklen Aniskörnle, die nicht nur des Geschmacks wegen auf das Backblech gestreut werden, sondern damit der empfindliche, aus Ei, Puderzucker und Mehl bestehende Teig nicht festklebt. Bewahrt man sie falsch auf, werden sie bockelhart. Siehe oben. Warum lässt man ein Gebäck, das so schwierig herzustellen ist, dann nicht an dem vorgeschlagenen feuchten, kalten Ort? Ganz einfach, weil eine dunkle Pappdeckelschachtel das Beste am Springerle verbergen würde – seinen Bilderreichtum. Was gibt es da nicht alles zu sehen, pausbackige Engelsgesichter mit Locken, jedes Härle scharf geschnitten, jede Feder in den Schwingen, die Krippe im Stall, Reiter mit federgezierten Hüten und prächtig aufgezäumten Rössern, Füllhörner, ein zotteliger Hund und vieles mehr. Es war eine Welt für sich, spannender und interessanter als jedes durch eine blecherne Ausstechform entstandene süße Etwas. In meiner Familie gibt es eine ganze Kiste voller alter, feinst geschnitzter Model aus der Biedermeierzeit. Die werden von mir gehütet wie ein Schatz. Schon Tage vor dem Backen hat meine Mutter sie einst ausgepackt und in die warme Stube gestellt, damit das Holz wirklich ganz trocken ist. Sonst würde der Teig kleben bleiben.

Bäcker bieten sie schon lange nicht mehr an, und wenn, dann mit langweiligen, grob maschinell geschnitzten Motiven. Das sind dann aber keine richtigen Springerle, denn dafür braucht man schöne, fein geschnitzte Model, je älter, je besser. Am besten noch von der Urgroßmutter ererbt. Je feiner das Motiv geschnitzt ist, desto sorgsamer und vorsichtiger muss man beim Formen mit dem Model vorgehen. Aber vor das Formen hat der Herrgott das Teigmachen gesetzt. Man braucht 500 g Mehl Type 405, 500 g Puderzucker, 4 Eier, eine Messerspitze Hirschhornsalz und ganz wichtig: 2 Esslöffel Kirschwasser. All das muss einige Stunden in einem warmen Raum lagern, bevor man mit der Teigzubereitung beginnt. Um eine gewissen Grundentspanntheit, die für die Springerleerzeugung unabdingbar ist, beginnt man am besten mit einem Gläsle Kirschwässerle für sich selbst!

Dann muss man die Eier schaumig rühren und den Puderzucker esslöffelweise dazugeben. Das muss nun 20 Minuten in der Küchenmaschine gerührt werden. Nach etwa zehn Minuten gibt man das im Kirschwasser aufgelöste Hirschhornsalz dazu. Wenn man mag, darf man ein weiteres Gläsle Kirschwasser während des Rührens probieren. 20 Minuten können sonst sehr lang werden. Dann gibt man das gut gesiebte Mehl esslöffelweise unter Rühren dazu. Hat der Teig eine gute Konsistenz, gönnen wir ihm mindestens zwei Stunden gut abgedeckt Ruhe im Kühlschrank. Währenddessen gönnen wir uns noch ein Kirschwässerle.

Jetzt geht die Feinarbeit los. Man schneidet ein kleines Stück Teig ab und packt den Rest schnell wieder abgedeckt in den Kühlschrank. Das kleine Stück wird auf ca. 7 mm Stärke ausgewellt. Zwei Kanthölzle bieten eine gute Auflage für das Wellholz. Die Model müssen vor jedem Abdruck sorgfältig mit Stärkemehl gepudert werden. Am besten ein Baumwolltaschentüchle mit dem Stärkemehl befüllen und die Model austupfen. Je feiner das Motiv, desto sorgfältiger. Wenn einmal der Teig kleben geblieben ist, kann man mit diesem Model nicht mehr weiterbacken. Dann hilft nur noch Kirschwasser. Dem Backenden, nicht dem Model. Jetzt drückt man das Model mit Kraft in den ausgewellten Teig und zieht es vorsichtig wieder ab. Mit einem scharfen Messer oder einem Backrädle die einzelnen Springerle ausschneiden und mit einem Tortenheber auf ein gut gemehltes Holzbrett setzen. Sind die ersten Modelabdrücke gelungen, kann man sich noch ein Gläsle Kirschwasser genehmigen. Wenn nicht, erst recht! So geht es fort, bis der ganze Teig verarbeitet ist. Die Springerle brauchen nun Ruhe. Der Bäcker oder die Backende auch. 24 bis 48 Stunden sollten die Springerle in einem kühlen Raum trocknen. Wenn alles aufgeräumt ist, gerne noch ein oder zwei Kirschwässerle trinken und dann ins Bett gehen. Hach, Springerle backen wird mit fortschreitender Zeit immer lustiger.

Nach der Ruhezeit die Unterseite der Springerle gut mit einem Tuch befeuchten und auf das mit Anis reichlich bestreute Backblech setzen. Den Backofen auf 140 °C aufheizen, und die Springerle ca. 20 Minuten backen. Im Idealfall springen sie beim Backen auf und bekommen die gewollten »Füßle«. Wenn nicht, Kirschwasser trinken und das Ganze nochmal von vorne.

Wenn man eine Tüte Springerle geschenkt bekommt, dann ist das schon eine besondere Ehrbezeugung bei der Schinderei. Gerne gebe ich Ihnen meine Adresse …

Wulf Wager

"20*C+M+B+23"
8

Süßer's die Glocken nie bringen – Immer dem Schleck nach

In Betzingen ziehen Kinder und Jugendliche auch am Heiligen Abend um die Häuser. Nicht auf der Suche nach der nächsten Party, sondern nach dem »Schleck«. In aller Herrgottsfrühe machen sie lautstark Jagd auf Süßes.

Es ist sehr früh, sehr dunkel und sehr kalt an diesem Heiligen Abend. Nur wenige sind munter, aber sie haben diesen Tag schon sehnsüchtig erwartet: den »Glockentag« in Betzingen, einem Dorf, das heute zu Reutlingen gehört. 30 bis 50 Kinder und Jugendliche sowie auch einige Erwachsene treffen sich um vier Uhr in der Frühe an der Mauritiuskirche. Isabell ist 23 und hat sich wie viele an diesem heiligen Morgen in ihre schmucke Betzinger Tracht gewandet. Beim Glocken macht sie mit, seit sie fünf Jahre alt ist. Die kleine Ida ist erst ein Jahr alt und das erste Mal mit ihrer Mama dabei – auch sie in einer kleinen Betzinger Tracht. Und so zieht die Mannschaft in drei bis vier Gruppen los, mit Kuh- und Geißenglocken und Schellenriemen, die normalerweise um den Hals von Schlittenpferden baumeln. Die nächsten drei Stunden werden sie das ganze Dorf mit ihrem Gebimmel wecken. Der Lohn dafür ist der »Schleck«, wie Süßigkeiten in Betzingen heißen, und etwas Geld.

AN LAETARE, PFINGSTEN ODER NIKOLAUS?

Doch wie kam es dazu? Und warum so früh, warum Kinder – und warum überhaupt? In vielen Orten im Ländle haben sich sogenannte Heischebräuche erhalten, bei denen in früheren Zeiten die Ärmeren im Dorf Lebensmittel erbettelten und dafür Glück- und Segenswünsche aussprachen. Eine Win-Win-Situation, wie es in modernem Denglisch heißt. Mancherorts geschah das an Laetare, also Mittfasten, anderenorts an Pfingsten oder am Nikolaustag, in Betzingen eben an Heiligabend. Zu Beginn des 20. Jahrhunderts war morgens um vier Uhr keine besonders nachtschlafende Zeit, um »glocken« zu gehen. Da standen die Bauern auf, um ihr Vieh zu versorgen. Auch in den Nachbarorten Ohmenhausen und Kusterdingen klingelten so früh die Schellen. Allerdings waren damals nur Buben im Schulalter unterwegs. Der Chronist erzählt von einer beliebten Anlaufstelle, dem Braun-Beck: »Schon recht früh trafen die Frauen mit ihren Kuchen- und Springerlesblechen ein. Dort im Hof, wo der Bäcker sein Holt pyramidenartig aufgeschichtet hatte und wo aus der offenen Backstube in der Frühe ein so aromatischer Kuchen- und Gewürzduft herausströmte, hielten sich die Jugend gerne auf, hofften sie doch, von dem frisch Gebackenen eine Kostprobe abzubekommen.« Und dann? Verschwand der Brauch. Im frühen 20. Jahrhundert nach dem Ersten Weltkrieg war das »Betteln« nicht mehr angesehen. Erst in den 1980er-Jahren führte der Schwäbische Albverein das Glocken wieder ein und seither wird es mit wachsender Begeisterung alljährlich durchgeführt. Jetzt sind natürlich auch Mädchen und junge Frauen mit von der Partie, wie Isabell und die kleine Ida.

Es wird geglockt, was das Zeug hält. Das vielfältige Gebimmel und Geläut klingt durch alle Gassen des Dorfes. Die Mädchen haben meist kleinere Schellen, die Buben tragen die großen an Kuhglockenriemen, wie eine Schärpe über die Schulter gelegt. Schlafen kann keiner mehr. Mancher öffnet die Tür im Morgenmantel und mit Schlappen an den Füßen. Andere sind komplett »angehäst«, manche in Tracht – es ist schließlich ein Festtag. Süßes und Geld haben sie oft schon am Vorabend hingerichtet. An dem einen oder anderen Gartenmäuerle wartet eine Kanne mit heißem Tee. Etwas Warmes tut gut an einem eisigen Morgen. Schnell einen halben Becher voll genommen, und schon geht's weiter.

ERST DAS SCHLÄFLE, DANN DAS CHRISCHTKENDLE

Der Metzger öffnet im Schlafanzug das Fenster im ersten Stock und lässt an einem Seil einen Korb mit deftigen Wurstwaren herab. Die Kinder nehmen sie dankbar an. Mit dem Wunsch für gesegnete Weihnachten verabschiedet sich die Schar und zieht weiter zum nächsten Haus. Wenn die Sonne den Tag langsam weckt, verstummen die Glocken und die Gaben werden im Stüble des Schwäbischen Albvereins gerecht verteilt. Schleck und Wurst, Orangen und Nüsse bekommen die Kinder, das Geld fließt einem karitativen Zweck im Dorf zu. Dann geht es nachhause. Manches Kind macht im Lauf des Tages ein Mittagsschläfle. Und – oh Wunder – in der Zwischenzeit war dann meist schon das »Chrischtkendle« da. Ob der eine oder andere Erwachsene, der beim Glocken beteiligt war, etwa im Heiligabend-Gottesdienst einnickt? Das Christkind wird es verzeihen. Schließlich war man ja in seinem Namen in aller Herrgottsfrühe unterwegs.

Wulf Wager

Zeitung

Hopp Hansel!

Fährt man von der alten württembergischen Grafenstadt Bad Urach über die B 28 hinauf auf das Albplateau und biegt dann gleich rechts ab, so kommt man über Hengen nach Wittlingen, das zu Bad Urach gehört. Es ist ein steil gelegenes Dorf mit rund 1000 Seelen. Am Heiligen Abend schallen in der Zeit zwischen halb sechs und halb elf am Abend sonderliche Klänge von den Hängen. Es ist Schellengeklingel und ein dauernd wiederholtes lang gezogenes Rufen, dass sich schallbrechend über das Dorf legt: »Hooooooop Hansel!« Der Pelzmärtle ist unterwegs.

Das heißt, eigentlich sind es vier Pelzmärtle, denn jedes Haus in dem Licht brennt wird von der Brauchgestalt besucht – und das schafft einer alleine nicht. Begleitet von zwei Altergenossen, die den Pelzmärtle unterstützen – und später am Abend auch nur stützen ist die eigentümlich archaische Figur unterwegs. Über einem alten Militärmantel trägt der kreuzweise über den Schultern und um dem Bauch herum Schellenriemen, wie man sie von den Fasnetsnarren her kennt. Das eigentümlichste aber ist die einfache, höchst eindrucksvolle Maske, die ganz aus einem Wildschweinfell besteht und von einem rotbebandeten Zylinder gekrönt wird.

DEN KATHOLISCHEN DER NIKOLAUS – DEN PROTESTANTEN DER PELZMÄRTLE

Was ist das für eine sonderbare Figur, die es nur noch in ganz wenigen Orten des Ländles gibt und die noch in den 1950er Jahren häufig anzutreffen war? Versuchen wir eine vereinfachte Erklärung: Die Reformation durch Martin Luther hat der äußerst populären Figur des heiligen Nikolaus als Gabenbringer und erzieherische Instanz das Christkind entgegengesetzt. Hingegen wurde die Figur des heiligen Martin (an dessen Namenstag, dem 11.11., Martin Luther getauft wurde) eher geduldet. Während in den katholischen Gegenden des Landes der heilige Nikolaus als Bischof, meist begleitet von allerhand Kontrafiguren wie Ruprecht, Ruhpelz, Pelzmärte, Schwarze, Belzer etcetera unterwegs ist, hat sich in den evangelischen Gegenden oft der Martinstag als Tag des Schenkens etabliert. Und so ist die Brauchfigur des Pelzmärt(l)e, also des Pelz-Martin, entstanden, der in evangelischen Gemeinden unterwegs ist. Allerdings längst nicht mehr am Martinstag, sondern am Heiligen Abend, wie in Wittlingen, oder auch in Bad Herrenalb und Sprollenhaus im Nordschwarzwald, wo der ganz in Stroh eingewickelte Pelzmärtle gemeinsam mit dem weißgewandeten Chrischtkendle unterwegs ist.

EINSTMALS WEIT VERBREITET

Liest man die Beschreibungen der württembergischen Oberämter am Beginn des 20. Jahrhunderts, so hat man den Eindruck, dass der Pelzmärtle, oder wie er auch immer bezeichnet wurde, eine ehemals weit verbreitete Brauchgestalt war. In der Beschreibung des Oberamts Urach von 1909 etwa heißt es:

»Der vermummte Weihnachtsmann zieht noch allenthalben am Vorabend um, sein Treiben wird aber vielfach schon als Unfug angesehen, daher sucht man ihn fernzuhalten. Er schreckt die Kinder und erhält z. T. dafür von den Eltern ein kleines Entgelt. Zum Lärmen hat er auf der Alb Ketten und alte Schellen. In der Benennung gehen die Alborte zu beiden Seiten der Erms auseinander. Bleichstetten,

Würtingen, Upfingen, Gächingen haben wenigstens als ältere Benennung Santiklos, Santeler. Auf der Grabenstetter Seite gilt durchweg Pelzmärte, Pelzmärtle. Diese Benennung haben im allgemeinen auch die Talorte sowie Rietheim und die angrenzenden Münsinger Orte (davon ist allerdings in der dortigen Oberamtsbeschreibungs nichts zu lesen, Anm. d. R.). Ohnestetten hat einen Pelzhansel und jenseits der Bezirksgrenze ein Pelzmichel in Eningen und Rommelsbach.«

DR PELZMÄRTLE ISCH VIELE HONDERT JOHR ALT

Daniel ist 22 und einer der Begleiter des Pelzmärtle. Freudig erregt und vom Alkohol durchaus gelockert erzählt er, dass man das alte Brauchtum erhalten müsse, denn außer in Wittlingen gäbe es nur noch im Schwarzwald einen Pelzmärtle. Das habe er am Vormittag gegoogelt. Sobald man 18 Jahre alt ist, kann man mitmachen – sofern man männlich ist. Frauen haben bei diesem Brauch nichts verloren. Nach dem Alter des Pelzmärtle gefragt, sagen seine Begleiter eifrig, er wäre schon viele hundert Jahre alt. Er selbst kann keine Auskunft geben, denn der Pelzmärtle spricht nicht. Er tanzt nur. Jeder Hausbewohner oder auch jeder, der ihm auf der Straße begegnet, wird an den Schultern und Oberarmen gepackt, und er hüpft einige Male zum Schellenklang mit ihm umeinander. Es ist ein eigenartiger Tanz, der da vom Pelzmärtle vollführt und von den Bewohnern eines jeden Hauses schon erwartet wird. Der Tanz mit dem Pelzmärtle bringt Segen. Ein Vater und zwei längst erwachsene Söhne öffnen die Tür, nachdem sie mit lautem »Hopp Hansel«-Rufen und Schellenklingen auf den Besuch des Pelzmärtle aufmerksam gemacht wurden.

Nach dem Tänzle und dem Wunsch »Fröhliche Weihnachten« bekommt die Dreiergruppe meist ein Schnäpsle, ein Bier oder auch mal ein Glas Wasser. Dummerweise geht in dem Männerhaushalt die Schnapsflasche nicht auf, und auch ein Schraubenzieher kann keine Abhilfe schaffen. Es ist dem Pelzmärtle aber nicht arg, denn er hat schon eine Menge intus. Während sich die anderen um das Öffnen der Schnapsflasche kümmern, ruht er sich derweil auf einem Stuhl aus und freut sich über ein Glas Wasser zwischendurch.

EIN DICKER KOPF IST GARANTIERT

Es ist anstrengend für die jungen Männer und die Alkoholfahne wird, einhergehend mit der Trittunsicherheit, von Haus zu Haus größer. Wenn sie es geschickt anstellen, beginnen sie mit den Straßenreihen oben am Berg und arbeiten sich dann langsam in die Tiefe des Tales vor, wo in der Ortsmitte Rathaus und Kirche einträchtig mit dem Gasthaus beieinanderstehen. 100 bis 150 Häuser hat jeder der vier Gruppen zu schaffen. Da sind die Jungs froh, wenn es mal statt dem obligatorischen Schnäpsle ein paar Euro gibt. Die werden aber nicht eigenverwendet, sondern jedes Jahr einem anderen Zweck zugeführt. Das DRK hat schon profitiert, wie auch der Kindergarten und andere soziale Einrichtungen. Die vier Pelzmärtle von Wittlingen und ihre Begleiter jedenfalls werden sich am ersten Weihnachtsfeiertag eine Kopfwehtablette auf eigene Kosten einwerfen müssen ...

Wulf Wager

Heiliger Strohmann

AM HEILIGEN ABEND ZIEHEN DAS CHRISTKINDLE UND DER PELZMÄRTLE DURCH DAS GAISTAL

Es gibt nur wenige davon, aber es gibt sie noch, die besonderen, die archaischen Bräuche zur Advents- und Weihnachtszeit im Ländle. Zum Beispiel Christkindle und Pelzmärtle in Bad Herrenalb-Gaistal.

Was die Menschen antreibt, die solche Bräuche seit Jahrhunderten zelebrieren, bleibt im Verborgenen. Man hat es halt immer schon so gemacht. Ebenso bleibt die Herkunft des Brauches und der reale Name des Pelzmärtle, der sich in diesem Schwarzwälder Hochtal in einen dicken, heißen Strohanzug einnähen lässt, ein Geheimnis. Man nennt ihn hier nur den »Jockel vom Kirbseloch«. Niemals wird verraten, wer drinsteckt. Ledig muss er sein und konfirmiert, am besten aber schon volljährig, denn es wird eine Menge Schnaps getrunken vom Pelzmärtle und seinen Begleitern. 37 sollen es dereinst an einem Heiligen Abend gewesen sein – erzählt man sich. Evangelische Tiroler Glaubensflüchtlinge sollen den Brauch einst mitgebracht haben, auch das sagt man sich, aber nix Genaues weiß mr net.

DRESCHMASCHINEN ZERSTÖREN BRAUCHTUM

Denkbar ist, dass der Pelzmärtle einst Begleiter des heiligen Nikolaus war. Der schenkende Heilige wurde aber als Gabenbringer von Martin Luther durch das Christkind ersetzt. Was blieb, war der dunkle, furchterregende Begleiter, der sich durch sein Antlitz mit Hörnern und

einem Schwanz als Teufelsfigur auszeichnet, so wie die Krampusse in den alpinen Bereichen Bayerns und Österreichs. Der Pelzmärtle ist also das finstere Pendant zum Christkindle, der Kinderschreck mit Strafrute und Sack, in den unartige Kinder gesteckt werden. Nicht wirklich, aber es wird halt angedroht. Angstpädagogik vergangener Zeiten.

Strohfiguren gibt es im Brauchtum des Ländles übrigens das ganze Jahr über: an der Fasnet, an Laetare, an Christi Himmelfahrt, an Nikolaus und eben am Heiligen Abend. Stroh war ein immer vorhandenes, nahezu wertloses Material in einer bäuerlich geprägten Gesellschaft. Also konnte man es auch verschwenden. Heute ist das ungedroschene Stroh etwas Besonderes. Man muss es für die Bräuche extra anbauen und von Hand ernten und dreschen. Heimatliebe ist mühsam und Dreschmaschinen zerstören Brauchtum ...

150 ARBEITSSTUNDEN UND 50 JAHRE ERFAHRUNG

Die Vorbereitungen für diesen besonders archaischen Brauch beginnen schon im Sommer. Das extra dafür angebaute lange Roggenstroh wird von Hand mit der Sichel geschnitten und in Garben bis zum Spätherbst aufbewahrt. »Wir brauchen Roggenstroh, es hat richtig lange Halme, die lassen sich besser verarbeiten als Weizen- oder Haferstroh«, erklärt Reinhold Nofer. Er muss es wissen. Denn schon seit über 50 Jahren zieht er am Heiligen Abend den Pelzmärtle hoch droben am letzten Haus des nur über einen sehr steilen Weg erreichbaren Oberen Gaistals an. Über 300 Arbeitsstunden stecken in dem Kostüm des Pelzmärtle von Gaistal, einem Ortsteil hoch über Bad Herrenalb. Allein das Nähen des Kostüms dauert rund 100 Stunden. Vorher wird Stroh von den Blattanteilen freigezupft sodass nur der saubere Halm übrig bleibt. Bevor man es zu bis zu 150 Meter langen Strohseilen flechten kann, werden die Halme gewässert, damit sie geschmeidig zu langen Strohzöpfen geflochten werden können. Diese werden nun mit einer Säcklernadel und einer gewachsten Schnur direkt auf den Körper des Trägers gewunden und festgenäht. Früher hat man das jedes Jahr neu gemacht. Heute wird das Kostüm in drei Teilen gefertigt,

Beine, Rumpf und Kopf. So kann der Träger hineinschlüpfen. Wenn es gut läuft, hält das Kostüm sieben bis zehn Jahre. Dann muss Reinhold Nofer wieder ran und ein neues fertigen. Er selbst hat den Pelzmärtle noch nie angehabt. Er näht »nur« die Bestandteile zusammen und das schon seit Jahrzehnten: Hose, Jacke und der imposante Kopfputz mit den zwei schleifenverzierten Hörnern. Jetzt ist der Pensionär ohnehin zu alt. Der Pelzmärtle ist Sache der ledigen jungen Burschen.

Begleitet wird der Pelzmärtle bei seinem Umgang vom Christkindle. Oder ist es umgekehrt? Das Christkindle wiederum ist Angelegenheit der jungen Frauen. Ab der Konfirmation dürfen sie mitmachen. Zunächst als Begleiter und später vielleicht als eine der Hauptprotoganisten. Der Pelzmärtle braucht Begleiter, die ihn führen, denn durch den schmalen Sehschlitz ist die Sicht extrem eingeschränkt. Der Schlitz reicht gerade mal für einen Strohhalm, mithilfe dessen er die Schnäpse trinkt, die sie in den Häusern kredenzt bekommen.

LIEFERANDO PELZMÄRTLE

Am frühen Nachmittag des Heiligen Abends näht Reinold Nofer mit Hilfe seines Sohnes die Bestandteile Rumpf, Korpus und Kopf des Strohanzuges zusammen, heftet mit einem Kupferdraht die Glocken an und drückt dem Pelzmärtle die Birkenrute und den Sack in die Hand. Früher war der Begleiter des Christkindles als »erzieherische Instanz« der Antipode zum Christkindle. Heute ist er zur Hauptfigur geworden – weil nahezu einzigartig.

Reinhold Nofer und die jungen Begleiter um Lukas Weichinger müssen sich beeilen, denn um 16 Uhr wird der Pelzmärtle auf dem Bad Herrenalber Marktplatz von einer vielhundertköpfen Schar erwartet. Das macht man aber erst seit 1967. Vorher war der Pelzmärtle nur im Gaistal unterwegs. Von 1957 bis 1967 gab es ohnehin eine Brauchpause, die fast dazu geführt hätte, dass der Brauch abgegangen wäre. Heute steht die nächste Generation schon in den Startlöchern. Aussterben wird der Brauch so schnell sicher nicht. Zu Fuß kann der Pelzmärtle allerdings nur kurze Strecken gehen, denn das Kostüm macht ihn nahezu unbeweglich. Also lädt man ihn kurzerhand auf eine Rotkreuz-Bahre, wirft einige Birkenruten und den Sack dazu und transportiert ihn so per Lieferwagen in die Stadt. Dort warten schon die Familien mit den Kindern und der örtliche Musikverein. Der intoniert »Vom Himmel hoch, da komm ich her« und schon ziehen der Pelzmärtle und das Christkind, umringt von vielen Kindern, auf den Marktplatz ein. Vom Himmel hoch stimmt fast, denn viel weiter hinauf als in das Obere Gaistal kommt man in Bad Herrenalb wirklich nicht. Nach zwanzig Minuten geht es wieder zurück auf die Bahre und ins Gaistal. Der Fahrer ist der Einzige, der an diesem Abend nüchtern bleibt. Im Gaistal angekommen, werden alle Häuser mit Kindern besucht und wenn ein Kind ein Liedle singt oder ein Sprüchle sagt, hüpft der Pelzmärtle, und das Kind darf sich etwas Süßes aus dem Korb des Christkindles nehmen. Oft überreicht es auch von den Eltern bereitgestellte Geschenke. Und so geht es von Haus zu Haus, von Schnaps zu Schnaps, oft bis Mitternacht. Dann steht noch das Ausnähen an. Vorsichtig wird der Pelzmärtle, der immerhin seit halb drei nicht mehr auf dem Klo war, aus seinem Strohanzug befreit. Vorsichtig, versteht sich, denn das Kostüm soll ja ein paar Jahre halten. Denn wenn jemand alle Jahre wieder kommt, dann ist es außer dem Christkindle der Pelzmärtle. Aber nur im Gaistal, oder?

WETTHOPFA AUF DER LANDSTRASSE

Nein, er ist zwar ein Unikat, der Gaistaler Pelzmärtle, aber es gibt rund eine halbe Stunde Autofahrt entfernt noch zwei weitere Pelzmärtle, nämlich die im zu Bad Wildbad gehörenden Weiler Sprollenhaus und im benachbarten Dorf Nonnenmiß.

Bevor diese beiden noch deutlich wilderen Gesellen in die Häuser ihrer Dörfer gehen, treffen sie sich zu einem Kräftemessen, dem »Wetthopfa«. Mitten auf der Landstraße im Enztal zwischen den beiden Orten am Christophshof treffen sich am Heiligen Abend nach dem Gottesdienst die beiden ebenfalls vom Hals bis zu den Füßen ganz in gezopfte Strohseile eingebundenen und mit Glocken behangenen Pelzmärtle zum Kraftakt. Wer höher springen kann, ist der Sieger.

Lokalstolz. Doch die Pelzmärtle springen nicht nur aus eigener Kraft, jeder hat zwei Begleiter neben und einen weiteren Heber hinter sich. So geht es ganz schön in die Höhe. Beide Strohgestalten haben Bärte aus Flachs, der von Sprollenhaus trägt eine schwarze Mütze als Maske, der von Nonnemiß ist ebenso wie seine Begleiter schwarz angemalt. Auch die Begleiter des Nonnenmißer Pelzmärtle tragen lange Flachsbärte und einen alten Hut. Der Sprollenhauser hat dafür einige junge Männer mit Peitschen um sich, die ordentlich Krach machen. Nach dem Wetthopfa wünschen sich die beiden Strohgestalten »Frohe Weihnachten« und examinieren dann die umstehenden Zuschauer. Wer ein Liedle singt oder ein Versle sagt, wird gelobt und der Pelzmärtle wird wieder in die Höhe gelupft.

Die Pelzmärtlegruppen besuchen anschließend in beiden Weilern die Häuser mit kleinen Kindern, wofür sie von den Eltern zu trinken und ein Trinkgeld bekommen. Wurden die Kinder von den Pelzmärtle erschreckt, so versöhnt sie der Besuch des schönen und gabenbringenden, in ein Brautkleid gewandeten und mit einer goldenen Pappkrone gezierten Christkindle wieder, von denen in Sprollenhaus eines mit zwei nicht verkleideten Begleiterinnen umgeht, in Nonnenmiß dagegen gehen zwei verkleidete Christkindle ohne Begleiterinnen.

Da die beiden Figuren nicht zusammen unterwegs sind, kann es sein, dass sie sich zufällig treffen. Dann muss der Pelzmärtle das Christkindle küssen. Es ist ja schließlich das Fest der Liebe.

VERMISCHUNG VON MARTIN UND NIKOLAUS

In der Figur des Pelzmärtle, also des Pelz-Martin, steckt eine wundersame Vermengung verschiedener Brauchfiguren und -daten, wie der Rottweiler Brauchexperte Professor Werner Mezger in seinem Buch »St. Nikolaus – Zwischen Kult und Klamauk« schreibt: »Offensichtlich haben wir es hier also gleich mit einem ganzen Bündel kompliziertester Brauchverlagerungen und

-vermischungen zu tun: aus den ursprünglichen Heiligenfiguren Martinus und Nikolaus bzw. aus deren Profanisierung zu den grobianischen Wesen Märte und Klaus ist der wunderliche Zwitter des Pelzmärtle geworden. Der wiederum hat sich terminlich vom katholischen Feiertag des 6. Dezember ebenso gelöst wie vom interkonfessionell wichtigen Fest des 11. November und ist stattdessen auf Weihnachten gewandert, um an Heiligabend eine Partnerschaft mit dem von evangelischer Seite als Bescherfigur propagierten Christkind einzugehen.«

Wulf Wager